나는 직장이 없습니다

_____ 님께

_____ 드립니다.

나는 직장이 없습니다

이재인 수필집

아득북

책머리에

일상에서 만난 삶을 글로 엮었습니다.

저마다 가는 길이 다르듯, 솟아나는 아픔의 발자취도, 상처의 소리도 다릅니다. 이 공간은 순수하게 나를 만난 시간입니다.

최소한의 성찰 속에서 내가 완전한 주인인가를 되묻기도 합니다. 때로는 눈에 보이는 현상에, 경험적 사물의 실체에 의미를 주기도 합니다. 그리고는 진실을 들여다봅니다. 사르트르는 하나의 작품이 아름다운 것은 그 속에 무無가 들어있기 때문이라고 하였습니다. 하이데거는 예술작품이 아름다운 것은 그 안에 진실이 들어있기 때문이라고 하였습니다. 진실함이 존재를 드러냅니다. 글쓰기 봉사를 하며 만난 어느 할머니는 평생을 달려와 보니 남은 게 없다고 했습니다. '허무'라는 한 단어로 자기의 인생을 말하였습니다. 평생 모진 세월을 업고 살아온 할머니는 '다, 내 탓이다'라고 하며 상대를 용서하고 자신과의 화해로 마무리를 하였습니다.

과거의 나를 의식 앞에 펼쳐 봅니다. 이 추억을, 이 기억을 열린 공간에 펼치는 것도 진실이고, 이 열린 공간 안에 녹아든 사유도 진실의 고백입니다. 나의 떨림이 그대로 전달되어 서로의 마음을 스스로 돌아보고 공유하는 계기가 되었으면 하는 바람을 전합니다.

염치의 마음속에 바람을 전하며
이재인

책머리에 ·············· 4

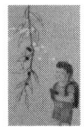

제1부 | 흘러간 시간 속 추억이

후회 말고 만족을 ·············· 12
오로지 내 몫이다 ·············· 16
어, 이게 뭐지? ·············· 20
무엇이든 간에 ·············· 25
감사하는 마음으로 ·············· 29
나만이 나의 진정한 친구다 ·············· 34
칼국수 삼천 냥 ·············· 39
허허롭다 ·············· 44
한강 노을 ·············· 49
추억의 공간에서 ·············· 53

제2부 | 저마다 가는 길이 다르듯

사랑의 그림자	…………… 58
아, 그랬었구나	…………… 62
나는 어디로	…………… 67
시간 속에 갇힌, 차 한잔의 추억	…………… 71
선택과 빚쟁이 인생	…………… 75
고려산에서의 꿈	…………… 79
그리움도 아픔 되어	…………… 83
아버지와의 삶	…………… 88
바가지를 깨고	…………… 92
염주와 묵주	…………… 96

제3부 | 사랑하자 그리움을

사랑에 취한 그대에게	…………	102
그래도, 사랑하자	…………	107
사랑의 거리	…………	111
깜냥껏	…………	115
나는 직장이 없습니다	…………	119
샛길과 새길	…………	124
멍에	…………	128
운수 좋은 개	…………	135
이태리타월 두 장의 의미는	…………	140

제4부 | 꽃이 마음의 눈을 열고

여행의 기쁨	…………	146
반 고흐의 흔적을 찾아서	…………	151
염치	…………	155
또, 올껴!	…………	159
오트레인(O-Train)	…………	164
입	…………	169
나비가 꽃에 앉듯이	…………	173
망초꽃이 전하는 말	…………	178
이 봄, 버드나무와 마주하며	…………	182
눈물의 의미	…………	187
망각	…………	191
내 인생의 주인공은 '나'	…………	195

제1부

흘러간 시간 속 추억이
사랑의 손길로 찾아든다.

후회 말고 만족을

저녁 식사 후에는 운동 삼아 아내와 같이 아파트 단지를 산책하는 즐거움을 느낀다. 흥미로운 것은 주민들이 내다 버린 가구나 생활용품에 자연스레 눈길이 간다는 것이다. 그러면서 우리는 평가를 한다. 이건 아직도 튼튼하고 쓸만한데 왜 버렸을까? 우리 집에 가져다 놓으면 어울릴 것 같다. 아니야, 갖다 놓아 봤자 짐만 되고 자리만 차지한다며 서로의 상상 속 배치도를 비교한다. 그러다 괜찮은 물품이 있으면 묵시적 동의하에 집에 가져다 놓고는 공짜로 얻은 효용의 가치에 만족한다. 몇 해 전에 주워온 책꽂이와 서랍장, 아이들 그림책과 장난감들은 지금껏 잘 사용하고 있다.

 아이러니한 것은 우리도 이런저런 물건을 많이 버린다는 것이고, 버려진 물건은 또 다른 사람들이 가져간다는 것이다. 하루가 멀다하고 멀쩡하지만 세월이 지나서 유행이 변했거나, 오래되어 더는 쓰지 못하는 물건들이 분리수거장에 나온다. 하루, 이틀 정도 시간이 지나면 쓸만한 것은 누가 가져갔는지 자취가 없다. 나에게 필요 없는 것이 누군가에게는 꼭 필요한 물품이 되는 현상을 본다. 아파트 단지라는 한 공간 안에서 버리고 주워가는 이러한 일들이 반복되며 돌고 돈다는 것이 신기하면서도 낯설지 않다.

 분리수거장에 버려진 물건들을 보면서 생각을 해본다. 인간의 사후세계도 이와 같은 걸까? 물건은 계절이 지나서 사용가치가 떨어지거나, 사들인 지 오래되어 수명이 끝나면 주인으로부터 버림을 받는다. 버림을 받는다는 것은 생이 끝났다는 것이다. 이것에 다시 생명력을 부여하는 행위가 재활용이다. 재활용은 생이 끝난 물건에 새로운 생과 의미를 부여한다. 사람도 물건도 유한한 존재이다. 버려진 물품이 새로운 주인에게 맡겨져 재활용이란 존재성을 얻는다면, 이것이 종교적 부활이나 윤회가 아닐까?

아침이면 해가 뜨고, 저녁이 되면 해가 진다.
내 생각으로 나만의 세계를 만들어본다. 아침에 해가 뜨는 것이 지구의 자전에 의한 현상이라는 것을 알면서 우리는 '해가 뜬다'라고 한다. 동쪽에서 해가 떠서 서쪽으로 진다고 하는 것도 맞는 말이고, 지구가 자전한다는 것도 맞는 말이다. 지구 안에서 바라보는 것과 지구 밖의 우주에서 바라보는 것에 따른 관점의 차이가 있을 뿐이다.

물건을 사들이고 나면 만족과 후회라는 것이 뒤따른다. 한 방향에서 보는 물건의 형상이 다 똑같아도, 그 물건의 가치를 보는 마음의 눈은 서로 다르다. 새로이 사들이거나 주워온 물건이, 다행히 마음에 들고 효용가치가 있으면 마음이 흡족하다. 생각했던 것보다 효용가치가 없거나 집안 분위기에 맞지 않으면 후회의 마음이 든다. 흡족한 상태의 만족은 오랫동안 함께할 것을 약속한다. 후회의 마음은 잘못과 아쉬움이 있기에 다음 행동을 어떻게 해야 할지를 제시해 준다.

나도 어찌 사용되다가 시간이 되면 떠나보내지겠지. 내가 스스로 보지 못하고 버리지 못하는 내 몸의 조각들을 흩어본다. 눈, 코, 입, 귀, 볼, 목, 그러고 보니 내 몸에서 가장 중요하고 핵심적인 것들은 모두 한 글자다. 몸의 명칭도 중요도에 따라서 우선순위가 정해지나 보다. 지금의 내 모습은 그동안 지켜온 내 생각과 행동의 바탕이다. '사람은 고쳐 쓰는 게 아니다.'라고 한다. 그래도 나는 계속해서 내가 성장하고 있다는 감을 받을 때가 가장 만족스럽고 행복하다. 남은 시간 후회하지 않는 만족함을 평가받고 싶다.

오로지 내 몫이다

일 년 중 날씨가 가장 무덥다는 대서에 에어컨이 고장 났다. 하필이면 이날, 서울 사는 딸 내외와 외손녀가 다니러 왔다. 혈연의 정만큼 깊은 것이 있을까? 이리저리 에어컨 수리업체를 긴급으로 물색했지만, 초절정을 이루는 시기라 일주일이나 뒤에 서비스 예약 일자가 잡혔다. 어쩔 수 없는 선택으로 모든 창문을 열어젖히고 선풍기를 총동원해 더위를 막았다. 새벽녘, 아주 맑은 새소리가 귀를 파고든다. 상글거리는 바람이 얼굴을 핥고 선선함과 함께 거실을 휘돈다. 그동안 문을 꼭 닫고 지내서 느껴보지 못했던 도심 속의 싱그러운 자연이 쑥 들어온 것이다.

그러고 보니 아파트에 입주한 지도 20년의 세월이 흘렀다. 정원의 수목도 많이 우거졌다. 바로 옆 조폐공원에도 이 세월만큼이나 녹음이 짙어져 자연스레 새들이 찾아든 것이다. 여름날 창문을 열고 잠을 잤을 뿐인데 산사에 찾아온 작은 행복을 느낀다. 이것이 요즘 뜨고 있는 도심 속에서 느린 삶을 추구하는 '슬로컬리제이션(slow-localization)' 이다.

로봇청소기, 실내 공기청정기, 텔레비전, 냉장고, 에어컨 등 전자제품이 우리의 일상에 편안함과 유익함을 제공하지만, 또 다른 부분을 침해하거나 자연의 삶을 잊고 살게 한다. 이젠 인간의 직관을 능가하는 AI 인공지능까지 가세하여 키보드를 두드리거나 글을 쓸 필요가 없어졌다. 아리야, 하이 구글, 하이 빅스비 등 인공지능과 대화가 오간다. 오늘 일정부터 전화, 뉴스, 날씨, 생필품 주문, 가전제품 이용까지 웬만한 것은 다 말 한마디로 해결된다. 예전에 없던 새로운 생활 문화가 형성되었다. 지난날 모든 글은 손으로 써야 했고, 펜글씨 학원과 원지에 철필로 글씨를 쓰는 필경사도 있었다. 일상의 계산은 암기로 해결을 했다. 이름과 전화번호는 머리에 상호 입력이 되어 있어 언제고 바로 연결이 되었다. 노래도 몇 곡 정도는 어느 곳에서나 자신 있게 불러댔다. 초행길도 지도와 교통안내 표지판만 보면서 거뜬히 다녔다.

얻는 것이 있으면 잃는 것이 있고, 잃는 것이 있으면 얻는 것이 있는 게 세상의 보편적 현상인가 보다. 아날로그의 정취가 그리워 현실에 주저앉자니 앞날이 근심스러워진다. 요즘 e-메일은 물론이고 개인 홈피, 블로그, 유튜브, 메타버스 등 1인 미디어시대가 펼쳐지고 있다. 모바일 사용은 세대 간 공감대를 형성하며 젊게 사는 방법이다. 치매 예방에도 더없이 좋은 방법이라 한다. 모바일이 생소한 분야이기 때문에 어렵다고 지레 겁먹고 접근 자체를 주저하는 것은 스스로에 대한 포기이다. 온 길이 혼자이듯 가는 길도 혼자이다. 내 마음가짐에 따라 나의 삶은 전혀 다른 것이 될 수도 있다.

"무시라고, 지렁이 갈비 같은 소리 하네."
터무니없는 말이라고 일축할 수도 있다. 하지만 주어진 환경에서의 경험이 다양한 성향의 사람을 만드는 것은 사실이다. 모바일 환경에서의 생활이 반복적으로 쌓이면 습관이 되고, 그 습관이 익숙해지면 불편함이 편안함으로 변한다. 새로운 삶으로 변화를 위해서는 진부한 고정관념에서 벗어나야 한다. 대세적 흐름의 생활 환경변화는 외부에 의한 작용으로 내 힘으로 어찌할 수가 없다. 내 안의 두려움을 버리고 변화에 대응하는 삶을 살아야 할지, 변화를 포기하고 옛 즐거움을 누리며 사는 것이 합리적인지 판단이 잘 서지 않는다. 어느 쪽이 옳다고 주장할 수도 없다. '여우와 신 포도' 이야기처럼 자기합리화를 꾀하는 것도, 다른 각도에서 보면 마음 편하게 살기 위한 나름의 현명한 판단일지도 모른다. 매일 새롭게 진화하고 변화하는 환경 속에서 어떠한 삶을 살아야 할지는, 오로지 내 몫이다.

어, 이게 뭐지?

선배와 함께 보양식 집에서 저녁 식사를 했다. 선배는 퇴직을 앞둔 내게, 당신도 곧 겪게 될 것이란 동질감의 표정을 지으며 말을 이어나간다. 남녀 할 것 없이 수명은 점점 길어진다. 이 시간을 잘 보내기 위해서는 건강과 취미 생활, 봉사활동, 평생교육에 관심을 가져야 한다. 혼밥, 혼술도 기꺼이 감수해야 한다. 삼식이, 두식이, 일식씨, 영식님이라는 유행어가 괜히 생긴 것이 아니다. 가장의 부권과 남편의 권위도 함께 추락한다. 퇴직 후 시간을 어떻게 보낼 것인지 미리 준비해야 한다. "이것이 시대 흐름의 대세야."라고 한다. 보양식의 뒷맛이 씁쓸하다.

어느 단체 교육프로그램에 봉사자 신청서를 냈다. 며칠 뒤 봉사자 교육을 받으러 오라는 연락이 왔다. 어색하게 교육장으로 들어서는데 사람들의 수군거림이 들린다.

"이번 차수 봉사자는 닭띠들 판이라며, 나이들 먹고 뭘······."

부정적인 말이 당혹함과 민망함으로 밀려온다. 자기소개 시간이다. 회장으로 임명된 봉사자는 무슨 띠, 몇 년생 인지를 먼저 밝히라는 기준을 정해준다. 나는 눈치껏 일 년을 줄여 58년 개띠라 했다. 아뿔싸! 소개 시간이 끝나자 그들은 즉시 띠별로 형님, 동생이라는 서열을 만든다. 닭띠인 나는 개띠가 되면서 닭띠들의 동생이 되었다. 닭띠들은 자기들 세력을 흐뭇하게 여기며 마치 신병 훈련소 조교들처럼 기세를 떤다. '에고, 반백도 넘은 환갑 나이에, 이게 뭐지?' 회장은 모든 일정도 닭들과 사전 조율이 되었는지 일방적으로 통보한다. "봉사자 회합은 매주 일요일 오후 일곱 시로 합니다." '어, 이게 뭐지?' 다수의 목소리가 크면 이긴다는 사회적 현상인가. 나는 일요일마다 진행해 오던 내 일정을 포기해야 할지, 이 일을 그만두어야 할지 이러지도 저러지도 못하는 난감함을 겪기도 했다.

봉사자 첫 모임 후 뒤풀이에 참석했다. 새로운 주酒님을 모시는 기쁜 날이라면서 돼지갈비에 소주로 목운동을 한다. 술판이 거의 끝나갈 무렵, 늦었다면서 키가 작달막한 사람이 들어온다. 난 처음 보는 사람인데 다들 반갑게 인사를 나눈다. 우리와 함께 할 봉사자라 한다. 잠시 후 건들거리며 내게 다가온다. "신입인가요, 무슨 띠죠?" "네, 저 개띠입니다." "아, 그래요. 난, 닭띠요." 의기양양하게 웃음 지으며 말을 잇는다. "이거, 기분 나쁘게 젊어 보이네."라며 소주를 권한다. 술을 못한다고 거절하니 "요즘 것들 어쩌고…, 옛날 우리 때는 저쩌고… " 하더니 자릴 옮겨간다. '어, 이게 뭐지?' 퇴직 후 봉사나 하면서 지내야겠다는 안이하고 순수한 생각이 잘못되었음을 깨닫는데 그리 긴 시간이 걸리지 않았다. 직장에서는 나이도 지위도 있어 내 중심의 생활에 무리가 없었는데 새삼 또 부딪혀야 한다니 스트레스가 밀려온다. 봉사자 단체도 하나의 조직이다. 그들 대부분이 같은 곳에서 십수 년 동안 함께 이 일을 해왔던 사람들이다. 서로 눈빛만 보아도 어떤 일이 어떻게 진행될지를, 누가 어떤지를 손바닥 보듯 훤하게 파악하고 있다. 이제 갓 신입인 나는 심 봉사 코끼리 다리 잡듯 눈치껏 알아서 해야 했고, 그들을 인정해야만 했다.

진정한 봉사자의 삶은 무엇인지? 내 안에 자리한 허상과 굳어진 틀들을 하나씩 꺼내 본다. 나도 모르게 마음속 깊이 자리한 권위 의식과 그 밑에 자리한 자존심 다 버리자. 이제는 모두가 고물이 되어 다시는 쓸데가 없는 존재물이다.

선배가 한 말이 생각난다. 퇴직하면, 제일 먼저 내려놓는 것부터 배워라. 집착은 괴로움이고 당신이 지녔던 지위는 당신 것이 아니다. 그것은 그저 당신이 맡은 역할 중 하나일 뿐이다. 빨리 과거를 잊는 것이 건강에 좋다. 아내가 하는 집안일에도 절대로 잔소리하지 말고 이것을 평생의 바이블로 삼으라 한다. 그러고 보니 집에서도 변화가 일어난다. 아내가 가끔 식사 중에 앞으로 내가 지켜야 할 것에 대해서 이야기한다. "당신, 퇴직하면 점심은 알아서 해결해요." "내 생활방식들 간섭하면 안 돼요." 이뿐인가. 이 반찬은 이 그릇에 담아 냉장고에 넣어두고, 빈 그릇들은 설거지통에 담가 놓으라 한다. 서서히 길들이기 교육을 받는 것 같아 마음이 씁쓸하다. 평생을 직장에 매여 가족부양이란 멍에를 메고 지금껏 살아왔다. 이제야 제대로 대접받으며 집밥 좀 먹어보나 했더니 따뜻한 집밥은커녕 '눈칫밥'만 먹게 생겼다.

오늘도 저녁 밥상을 차려놓고 아내는 친구들과 음악회를 간다며 날 혼자 두고 집을 나선다. '어, 이게 뭐지?' 익숙하지 않은 상황에 당황스럽다. 이제껏 음악회는 항상 나와 함께 했었는데 홀로 남겨진 나는 소파에 앉아서 생각에 잠긴다. '강아지라도 한 마리 길러야 하나?' 참 얌체하고 염치없는 세상에 자조의 미소로 답을 한다.

무엇이든 간에

 퇴직 후 처음으로 맞이하는 새해다. 정해진 일상에서 벗어난 자유로움이 찾아온다. 무엇보다 아침에 눈을 뜨면 걱정거리가 없어 마음이 편하다. 자고 싶을 때 자고, 일어나고 싶을 때 일어날 수 있다는 자유로움이 행복을 준다. 이제 무엇을 할까. 하나하나 생각을 끌고 목표를 세우며 마음을 다잡는다. 그날이 그날인 것 같고 하루하루의 변화를 느끼지 못하지만, 나이가 들수록 조금씩 신체적 변화가 느껴진다. 시력, 청력, 근력, 순발력 등이 점점 떨어지며 몸이 경직된다. 자전거를 타고 돌아다니다 보면 연령대별로 자전거 벨에 대응하는 모습이 다르다. '따릉' 아주 작은 벨 소리에도 아이들은 즉각 반응하며 민첩하게 피한다. 나이 든 사람들은 아주 가까운 거리에서 벨 소리를 높여 '따르릉따르릉' 울려도 반응이 늦다. 그런데도 이십 대의 청춘으로 산다.

권투도장 문을 두드렸다. 전 아마추어 동양 챔피언이 운영하는 도장이다. 나의 한계성을 극복하고 이십 대 청춘 시절의 나 자신과 자웅을 겨루고 싶어서 선택했다. 처음 접하는 운동이고 초등학생과 중학생들이 주류를 이루고 있어서 어색하기도 하였지만, 마음에 두지 않고 운동에 몰입했다. 관장의 지도하에 먼저 줄넘기로 몸을 풀었다. 잽, 잽, 어깨 힘 빼고 툭툭 가볍게 왼손을 뻗으며 상대방과 거리를 잰다. 라이트 펀치는 다리를 지탱하고 허리를 돌려 빠르게 친다. 원·투는 양팔을 쭉 직선으로 뻗는다. 훅을 칠 때는 체중이 한쪽으로 쏠리기 때문에 다리에 힘을 주고 허리를 돌리면서 체중을 실어야 한다. 권투는 펀치 힘보다 속도가 중요하다. 정신없이 동작을 따라 하다 보면 얼굴에는 땀이 비 오듯 흐르고 등허리 땀은 옷을 흠뻑 적신다. 복싱은 링 위에서 3분간 대결을 펼친 다음 1분간 휴식을 하는 경기이다. 3분이란 시간이 이렇게 긴 시간인지를 처음 알았다. 3분 동안 치고 빠지기를 반복하며 뛰는 것이 얼마나 지치고 힘든지를 새삼 깨닫는다. 힘도 따르지 않고 온몸이 무겁고 버겁다. 하지만 관장의 지도는 엄격하다. 기본기 하나하나를 정확히 지적하고 허투루 넘어가지를 않는다. 더 큰 문제는 관장이 선수 육성하듯 열의를 가지고 가르친다는 것이다. 이 나이에 선수로 나갈 것도 아니고, 운동 삼아 하는 건데, 이렇게 벅차고 힘들게 할 필요가 있을까? 이십 대 청춘의 나 자신과 자웅을 벌이고 싶다던 생각이 슬그머니 꽁무니를 빼는데, 여우와 신포도 이야기가 떠오른다.

어느 날 여우가 길을 가다가 키가 큰 나무에 포도가 주렁주렁 매달려 있는 것을 본다. 몇 번이나 점프를 시도하였지만 결국 따 먹지 못하게 되자. 따봤자 저 포도는 분명히 시어서 먹을 수 없을 것이다. 나는 신 포도는 별로 먹고 싶지 않다면서 포기를 한다. 생각의 전환을 통해 포도를 따려 하지 않고 좌절감의 자신을 보호하며 자기합리화를 한다는 이야기이다. 마음을 다잡는다. 배우는 즐거움을 즐기자. 노후의 취미로 선택한 운동이니 힘이 들더라도 최선을 다하자고 다짐한다. 이 세상에 늙지 않는 사람 없고, 노년은 누구도 피하지 못하는 현실이다. 시간이 갈수록 그것을 예견하고 준비한 사람과 나와는 무관한 줄 알고 지내는 사람이 있을 뿐이다. 노년에서 가장 중요한 것은 건강과 취미 생활을 하는 것이다. 복싱은 맨몸으로 하는 운동으로 다양한 장비가 필요하지 않다. 어느 정도 기본기만 익히면 시간과 장소에 구애받지 않고 혼자서도 할 수 있다. 기술 또한 잽, 스트레이트, 어퍼, 훅, 바디 이렇게 다섯 가지만 익히면 된다. 복잡하지 않아서 좋다. 기술이 적은 만큼 반복 훈련만 하면 된다. 운동을 마치고 나면 내 몸과 정신이 건강해지고 있다는 기분을 느낄 수 있다. 노력하면 할 수 있다는 자신감으로 한 번도 해보지 않은 동작을 익히고, 샌드백을 칠 때의 희열은 느껴본 사람만이 안다. 이십 대의 청춘으로 살아보자. 무엇이든 간에.

감사하는 마음으로

"처장님, 잘 계시죠."

잊고 지냈던 목소리가 귀를 쫑긋하게 한다. 회사에서 위원회를 구성하는 데 참여해 줄 수 있는지를 묻는 전화다. 며칠 후 회사를 찾았다. 반가운 웃음으로 맞이하는 옛 동료들과 정겹게 인사를 나누었다. 그동안 많은 것이 바뀌었다. 본관이 리모델링되었고 현관 로비가 새롭게 구성되었다. 사무실 배치도 바뀌었고, 직원들의 자리도 변화를 가져왔다. 변화된 분위기 때문인지 어색함 속에 낯설음이 찾아든다. 3층 대회의실로 들어서서 준

비된 자리에 앉았다. 맞은편 벽면에 길게 내걸린 역대 사장들의 인물사진을 바라보니 지난 일이 순간 스친다.

불더위가 맹위를 떨치던 팔월의 오후에 확대간부회의가 긴급 소집되었다. 회의 예정 시간이 한참을 지났는데도 무슨 일인지 사장은 오질 않는다. 정부의 에너지 절감 정책에 따라 에어컨도 못 틀고, 찜통의 끈적임 속에 사장이 빨리 참석하기를 무작정 기다리며 시간을 보낸 적이 있다. 기다림에 지치기도 했지만, 무엇보다 회의 분위기가 숨을 더 몰아쉬게 한다. 업무수첩에 그 당시의 분위기를 남겨 놓았다.

쉼이 없는 사람들
단, 한 사람을 위해
기다림을 인내한다

팔월의 뜨거움에
몸도 마음도 뜨겁다
무엇이 우리를 힘들게 하는가?

적막한 눈빛 속에

송골송골 맺힌 땀방울은

이마를 더욱 빛나게 한다

거뭇한 머리

쏠리는 눈방울

고개 숙인 침묵

동시에 넘겨지는 종잇장 소리

윙윙 돌아가는 선풍기 바람 소리만

적막을 가른다

―「회의실 풍경」

이제는 추억으로 남은 시간 속의 한 장면이 되었다.

"잘 지내, 요즘도 많이 바쁘지."

전화하거나 전화를 받을 때 일상적으로 물으며 받는 안부 인사다. 퇴직하였는데도 여전히 바쁘다는 말을 입에 달고 산다. 정말로 바쁜 건지, 과시인지, 누군가에게 알리고 싶은 마음인지 알 수 없다. 직장에서는 많은 일 처리와 인간관계로 바쁠 수밖에 없는 것이 현실이다. 언제나 바쁘고 시간 속에 바쁨을 끼고 달린다. 한 발짝 떨어져서 보니 가사를 돌보는 일도 만만치 않다. 직장에서의 바쁨과 별 차이가 없다. 그래서 누구나 서로 바쁘고 남을 돌아볼 여력이 없다. 이런 바쁨 속에서 피는 배려와 희생의 꽃이 더욱 소중하고 아름답다. 배려는 상대방을 위한 것이고, 자기희생이 전제되어야 나오는 것이다. 권위도 의사소통도 마찬가지다. 나의 낮은 자세가 손해를 보거나, 자존심에 손상을 가져온다고 생각하지 않는다.

재직 당시, 이른 아침에 출근하면 향기 좋은 한잔의 커피가 문을 연다. 흰색 바탕에 남색의 둥근 방사선 줄무늬가 있는 찻잔 받침이 사랑의 마음을 달군다. 가끔 배달된 둥근 쿠키와 조각 케이크에는 주인의 멋스러운 정성이 가득하다. 차 한잔을 사이에 두고 오가는 정담이 그 맛을 더한다. 하루가 즐겁다. 진정한 마음에서 우러나는 김 차장의 넉넉한 정을 나는 잊지 못한다. 내가 힘들고 어려움에 지쳐 있을 때, 나의 근황과 어려움을 공유하면서 용기와 희망의 도움을 무한 베풀어준 김 팀장, 성 팀장, 윤 팀장, 주 팀장 등 TTC 위원들의 따뜻한 마음을 나는 기억

한다. 진정성 있는 위로의 말과 격려의 글을 보내준 많은 선·후배 동료들의 훈훈한 정도 잊지 못한다. 이 모든 것은 오롯한 배려와 사랑의 마음이 담겨있어야 가능한 것이다. 언제나 바쁜 일상에서 나 아닌 다른 사람을 위해 단 1분이라도 배려의 마음을 갖는다는 것이 절대 쉽지 않은 일이다. 참 고맙고, 감사한 분들이다. 마음이 있어야만 행동으로 옮겨지는 것이다. 내가 받은 고마움을 느끼며 진실한 배려의 삶을 살아야겠다. 고마움을, 감사함을, 아름다움을 느낄 때 우린 행복하다.

나만이 나의 진정한 친구다

　도심의 새벽하늘이 불그무레하게 물이 든다. 부지런히 발길을 재촉하며 미사에 참석했다. 성당에는 드문드문 연치 높은 무언의 신자들이 침묵 속에 앉아 있다. 저들은 무슨 사연을 가지고 어떤 지향을 하고 있을까? 제대 뒤 십자가에 못 박힌 그리스도를 바라본다. 신부님 강론이 시작된다. 잠시 눈은 감고, 귀는 연다.

　여러분, 인생은 우리나라 바다와 같습니다. 서해는 간만의 차이가 큽니다. 갯벌이 넓고, 백사장도 길어서 사람들이 쉽게 찾아

듭니다. 하지만 바닷물이 탁하고 여름이 지나면, 그 넓은 갯벌이 온갖 쓰레기로 가득합니다. 동해는 물이 아주 차고 맑습니다. 그러나 수심이 깊고 간만의 차가 작아 갯벌이 좁습니다. 그러다 보니 깊은 바다가 두려워 찾아오는 사람이 적습니다. 서해처럼 수심이  얕고 갯벌이 길고 넓으면, 조수가 오래 머물고 사람들이 쉽게 바다를 대합니다. 하지만 다양한 쓰레기가 쌓이지요. 동해처럼 수심이 깊고 갯벌이 좁으면, 조수가 짧게 머물러 사람들이 쉽게 대하지 못합니다. 하지만 쓰레기는 적지요. 물론 지형적 영향도 작용을 합니다. 단편적으로 보면 그렇다는 이야기입니다. 우리 인생도 서해처럼 삶이 얕고 많은 사람 속에서 부대끼며 사는 인생은, 마음의 짐도 쓰레기도 많을 것입니다. 동해처럼 삶이 깊고 간명한 인생에는 다가오는 사람은 적지만 마음의 짐과 쓰레기는 적습니다. 그러나 그 같은 인생은 고독하지요.

땅~! 순간 눈이 번쩍 뜨이며 머리가 뻥 뚫린다. 시간을 과거로 되돌리면서 지금껏 살아온 장면을 하나하나 꺼내어 음미해 본다. 묵상에 젖는다. 고백한다.

저도 지난날에는 서해와 같이 많은 사람과 어울렸습니다. 재미도 있었지만, 솔직히 조직에서 소외당하지 않기 위해 좀 더 나은 이득을 위해 늦은 밤까지, 직장 동료들과 어울리며 술자리를 했습니다. 다른 사람의 이목과 시선을 중요시하였습니다. 상사의 눈치를 보며 그의 의지를 따랐습니다. 무리에서 벗어나 뒤처지지 않으려고 무던 애를 썼습니다.

"야! 너, 벽에 똥칠할 때까지 살려고 하냐. 인생 뭐 있어 굵고 짧게 사는 거야! 그래 먹자, 먹고 마시자고. 먹고 죽은 귀신이 때깔도 좋다더라."

호기를 부렸습니다. 그때 당시의 직장 상사와 동료 친구들은, 나를 위해서라면 정말 무엇이든지 다 해줄 것 같은 결의와 무한한 온정을 베풀었습니다. 영원히 함께하자면서 의형제도 맺었습니다. 그러던 어느 날, 생사를 넘나드는 병이 들었습니다. 많은 이들이 저를 찾아와 위로해 주었습니다. 병세가 점점 심각해지고, 만남의 기회가 줄어들자 하나둘씩 내 곁을 떠나기 시작했습니다. 오히려, "내 그럴 줄 알았다. 그렇게 술을 퍼마시고 다니더니 결국 그렇게 될 줄 알았어."라는 자기 회피성 탓을 내게 돌려주었습니다. '건강을 잊으면 모든 것을 잃는다'라는 말이 실감 나는 현실을 맞았습니다.

"내 탓이요. 내 탓이오, 내 큰 탓이로소이다."

지난 시간 속에서의 삶이 인생으로 그려진다. 인생이란 이렇게 주어진 환경에서 좌절도 하고 고뇌도 하면서 자기의 그릇을 만들어 가는 것이다. 이제는 저절로 다 정리가 되었다. 동해처럼 수심이 깊고 간만의 차가 커지니 사람들이 자연스럽게 발길을 끊었다. 그동안 술과 이해관계가 매개체가 되어 서로의 끈을 이어주었던 것들이 이별을 고했다. 고독하지만 덕분에 나는 간결한 삶을 만들 수 있었다.

놀라워라, 조개는 오직/ 조개껍질만을 남겼다.

최승호 시인의 시(전집全集)가 생각난다. 조개는 자연과 시간의 흐름 속에 그의 몸을 감쌌던 껍데기만을 이 우주 속에 던져 놓고 사라졌다. 가장 간결한 시이지만 내포된 의미는 더없이 크다. 그동안 남에게 그럴듯하게 보이는 것에 치중하며 살다 보니 진정한 내 마음이 사라졌다. 내 주장과 영역은 넓어졌지만, 내면의 가슴은 더 작아졌다. 이젠 다른 사람들로부터 내 존재를 인정받기 위해서, 무엇이라도 이 세상에 흔적을 남기려고 아등바등 살지 말자. 체면이라는 굴레에서 벗어나 그냥 있는 그대로의 나, 온전히 나만을 위한 삶을 살자. 나만큼 나 자신을 정직하게 평가해주고 인정해 주는 친구는 없다. 나만이 나의 진정한 친구다.

칼국수 삼천 냥

 오가는 자동차 사이로 좁은 골목길을 사람들은 요리조리 걸음을 한다. 비는 질금거리고 우산을 접었다 펴기를 반복한다. 오늘은 점심을 누구와 먹지? 그냥 나를 친구 삼아 한 끼 때우기로 했다. 이제는 이런 일이 불편하지 않다. 세월이 변해서 혼밥, 혼술의 시대가 되었기 때문이다. 타인의 시선이 덜 한곳이 중국집이나 칼국숫집이다. 그동안 말로만 들었던 태평시장 '칼국 삼천 냥' 집을 찾았다. 칼국수 한 그릇이 삼천 냥, 가성비가 좋아서 그런지 찾는 사람들이 많아서 번호표를 받고 대기를 해야 했다. 오락가락 내리는 빗속에 차례를 기다리는 시간이 쓸쓸하다. 식

당 벽면에 써 붙여 놓은,

"곱빼기는 부족한 분을 위한 배려입니다. 추가 비용은 받지 않습니다."

검은 글자가 동공에 지진을 일으킨다. 돈 없고 배고픈 약자의 서러움을 잘 아는 주인의 지견과 배려가 삶에 대한 메시지로 전달되면서 가슴이 뭉클해진다. 옆 식탁에 앉아 칼국수를 정겹게 먹고 있는 가족의 모습에 눈길이 간다. 초등학생인 듯한 남매는 칼국수를 먹으면서도 핸드폰을 들고 연신 게임을 한다. 조용히 그를 바라보는 부모의 눈빛이, 초원에 나란히 앉아 서로를 편하게 해주는 액자 속 그림과 같다. 그리 넉넉지 않은 듯한 행색이지만, 아이들에 대한 무한 사랑과 다정함이 엿보인다. 일순 정지한 듯이 지난 시절의 우리 가족 모습이 클로즈업된다. 가을 부채처럼 잊힌 추억 한 토막이 가물가물하더니 순간 솟구치며 날아든다.

초등학교 때 부모님이 빚에 몰리면서 집안 형편이 급격히 기울고, 끼니조차 제대로 잇지 못했다. 나와 어린 동생들은 날마

다 고통을 숨기고 투정도 울지도 못했다. 어느날 우리끼리 저녁을 먹고 있는 집에 빚쟁이들이 들이닥쳐서는,

"이놈들아, 밥이 목구멍으로 넘어가냐."

 아버지와 어머니를 찾아오라며 늦은 밤까지 난동을 부리는 것은 다반사였다. 빚쟁이의 독촉과 배고픔 속에 생 다지 겁박은 설움으로 차오르고, 비아냥거리는 말은 비수가 되어 가슴에 꽂혔다. 빚에 시달리며 근근이 생계를 꾸려나갔던 우리 가족에게 하루 두 끼의 국수는 고난과 가난의 대명사였다. 희망도 없이 암담하기만 했던 우리에게 국수는, 주린 배를 채워주고 기죽어 지내던 공허한 눈을 달래주는 위로의 음식이다. 하지만, 두 번 다시는 만나지 않기를 고대했던 기피의 음식이다.

 우린 숱한 어려움을 겪고 일어섰지만 대신, 부모님을 일찍 여의는 깊은 상처를 새겼다. 어머니 눈물로 치대어진 국수 가락, 양은솥의 끓는 물에 애호박과 감자를 듬성듬성 썰어 넣은 어머니의 칼국수 내음이 그립다. 배가 출출해지는 늦은 밤에는 우물가 펌프질의 맑고 시원한 물이 늘 우리의 배를 여유롭게 해주었다.

 이 한 그릇 국수에 담긴 사랑의 깊이는 얼마나 될까? 국수 한 그릇으로 누굴 사랑할 수 있다는 것이 얼마나 좋은 일인가. 삼천 냥 칼국수는 먹는 사람이 느끼는 맛의 깊이와 그 감동이 비례를 한다.

 "칼국수 한 그릇 걸치러 갑시다."

 가끔 듣고 싶은 반가운 소리다. 단순한 외모의 한 그릇 국수 앞에서 느끼는 감정은 사람마다 다르겠지만, 나에게 국수는 시간과 공간을 달리하며 파란을 겪은 특별함으로 기억된다. 가난의 굴곡을 어머니의 따뜻한 사랑으로 메워준 음식으로…. 한평생을 가난에 찌들었던 어머니의 삶을 회고하면서 나는 국수를 회상한다.

허허롭다

나른한 기지개를 켜며 창밖을 바라본다. 아파트 앞 천변 건너편에 새로 짓기 시작한 고층아파트가 결국에는 야트막한 구릉과 야산의 전경을 완전히 가로막았다. 집에 앉아 나지막한 산의 사계절 풍경을 그나마 볼 수 있었던 조망권을 부지불식중에 강탈당했다. 아파트는 조망권이 핵심인데 이거 이러다 아파트값 떨어지는 것 아닌가. 앞으로 도로도 복잡해지고 교통량도 늘어날 것이다. 배기가스, 소음 등이 증가하여 주거 환경이 나빠질 것 같다는 생각이 든다. 환경이 삶의 질을 결정하고, 사람은 환경의 지배를 받는다는데 마음이 씁쓸하다.

은퇴 후 내 삶의 경험과 인문적 가치를 나누는 중부권 인생 멘토로 활동하며, 여러 중학교에 강의를 나갔다. 멘티들이 주고받는 행동과 학교생활 모습이 다양하다. 풍부한 상상력과 현실의 세태를 반영한 솔직한 감정표현이 놀랍다. 잘 정돈되지 않은 강한 에너지와 끼의 분출이 여러 생각을 하게 한다. 더불어민주당과 국민의 힘에 대한 편향적 사고의 정치적 성향과 돌출적 반응이 나를 어리둥절하게 만든다. 죽음 등을 극단적 사고로 표출하는 모습이 당황스럽다. 시대가 변했음을 변해가고 있음을 나 스스로 인정하게 된다. 멘티들이 가장 좋아하는 것 등 몇 가지 사항을 알아봤다. 멘티들이 가장 좋아하는 것은 돈과 먹방. 내가 채우고 싶은 것은 지식, 체력, 휴식 시간, 카드 잔액. 버리고 싶은 것은 쓸데없이 나쁜 생각, 게으름, 뱃살이다. 낫으로 사람 목을 베는 자기 드러냄의 낙서가 눈에 들어온다. 머리가 어질하다. 이런 멘티들에게 이건 이렇고, 저건 저렇다는 말은 잔소리에 불과하다. 시집을 읽고 자기 생각을 담은 모방 시를 짓고 발표하는 시간을 가졌다.

우리 가족을 위해 돈을 버시는 아버지/ 우리 아버지가 최고다
배고프면 밥 사주시고/ 돈 필요하면 용돈 주는 우리 아버지가 최고다.
―「아버지」

친구란/ 따뜻한 존재이면서도/ 언제든 뒤통수를 칠 수 있는 존재이다.

　　　　　　　　　　　　－「친구」

사람이 죽을 때가 언제인지 아는가?/ 사람이 병에 걸렸을 때, 아니⋯/ 사람이 총에 맞았을 때, 아니⋯/ 사람이 칼에 잘렸을 때, 아니⋯/ 사람들에게 잊혀질 때다.

　　　　　　　　　　　　－「사람들에게 잊혀질 때」

이자 5%, 대출과 빚덩이/ 난 말이지 사람들이 대출해주면/ 마음에 저금해 두지/ 쓸쓸할 때면/ 대출명단을 꺼내 기운을 차리지/ 너도 어른이 되어 대출을 받으렴.

　　　　　　　　　　　　－「ATM기」

호기심에 아버지 담배를 슬쩍했다/ 처음엔 기침이 나오지만/ 많이 피면 구수한 맛/ 폐암 26배인 합법화된 마약/ 중독되면 끊을 수 없는 중독성/ 스트레스를 많이 받은 날/ 담배로 스트레스를 푼다/ 빨고 한숨을 쉰다.

　　　　　　　　　　　　－「담배」

현실성과 창의성의 복합된 생각들이 가감 없이 표현된다. 이제는 가정과 부모 역할이 자리를 잡아야 하고, 아버지의 역할을 아버지의 자리를 되찾아야 한다. 학습 방향도 새롭게 정립해야 한다. 급격히 변화된 환경에 적응하기 힘들고 지친 멘티들에게 기다림과 따뜻한 생각을 불어넣어 주어야 한다. 또한 개인적 성향에서 벗어나 모두가 함께하는 공감과 배려가 필요하다. 이상하게도 같은 학년의 학생들이고 같은 내용의 수업을 진행하는데도 가는 곳마다 멘티들의 성향이 달랐다. 시내권과 시외지역이 차이가 나고 시내권 안에서도 동네별로 수준 차이가 있다. '맹모삼천지교'가 생각난다.

어느 연구자는 내 주변 환경이 삶의 질과 어느 정도 상관관계가 있다고 밝혔다. 내가 사는 환경과 사는 동네에 따라 교육 수준과 건강 수준, 각종 생활방식이 영향을 받는다고 한다. 닭이 먼저인지, 달걀이 먼저인지. 아직도 알지 못한다. 하지만 현실을 겸허하게 받아들이고 앞으로 어떤 길을 어떻게 가야 할지를 나에게 화두로 던진다.

창밖의 고층아파트 공사는 계속되고 있다. 빨리 집을 내놓고 이사를 해야 할지 고민된다, 재개발 아파트와 점점 좁혀지는 공중의 거리를 보며 허탈한 마음은 허수아비처럼 허허롭다. '짬뽕을 먹을까, 자장을 먹을까?'의 실존적 고민을 해결해 준 메뉴가 짬짜면이라는데…….

한강 노을

한강의 노을은 붉은 황금빛에 더하여 묘한 고독을 불러온다
순간의 시간이 어둠으로 덥힌다
하나, 둘, 줄지어 서 있는 점점의 불빛이
내일의 희망이란 자수를 짓는다

같은 공간에 마음만 있고
실체는 밤하늘의 어둠에 묻혀 보이질 않는다
보일 듯, 보이지 않는 가없는 이 마음을
아리수, 그대에게 대신 전한다

─「딸에게」

자영업자는 자기 시간과 영혼을 돈과 바꾸는 처절한 생존 싸움이다. 거미줄에 붙은 이슬방울처럼 언제 어떻게 떨어져 나갈지 모른다. 딸과 사위는 가죽공예 디자이너로 '퀴리 피에르 마리Curie Pierre Marie'라는 브랜드로 사업을 하고 있다. '퀴리 피에르 마리'라는 브랜드는 공통된 분야에서 같은 꿈을 꾸며 노벨물리학상과 노벨화학상을 수상한 퀴리 부부의 모습을 닮고자 하는 의미를 두고 만든 것이다. 부부가 지향하는 부분에서 필요한 제품을 마음을 다해 제작하고, 핸드메이드 기반으로 고객의 마음을 담아 아름답고 유용한 가죽제품을 만든다. 사위가 잘 다니던 직장을 그만두고 가죽 공예사업을 하겠다고 했을 때 마음이 착잡했다. 안정성을 버리고 불확실성의 영역으로 넘어가는 순간, 경제적 어려움과 마음고생이 따를 것이다. 불 보듯 뻔한 길을 가겠다고 하니, 아내의 걱정은 거의 공포 수준이다. 하지만 자기의 포부를 펼치며 나름의 탑을 쌓는 것도 그리 나쁘지 않다고 생각한다. 누구나 하루가 다르게 변해가는 세상에서 고민하고 방황을 한다. 무엇을 하며 어떻게 살아야 하는지에 대한 마땅한 정답은 없다. 나의 선택만이 존재할 뿐이다.

바다의 귀족이라 불리는 참치는 오대양을 회귀하며 약 10년 정도 생존을 한다. 살아있는 동안 참치는 단 한 순간도 헤엄을 멈추지 않는다. 심지어 잠을 잘 때도 뇌는 휴식을 취하지만 몸은 계속해서 유영한다. 반면, 넙치는 깊은 바다 밑에 살면서 몸을 전혀 움직이지 않고 가만히 있다가, 먹이가 나타나면 재빨리 입을 벌려 잡아먹는다. 따라서 참치는 오대양을 다 누리고 전 세계 바다를 잘 알고 있지만, 넙치는 자기가 사는 바다 밑바닥 밖에만 알지 못한다. 참치와 같은 삶을 살아야 할지. 넙치와 같은 삶을 살아야 할지. 어느 삶이 옳고 현명한 삶인지 판단이 서지 않는다.

자신이 원하고 존중하는 길을 가는 것이 인생이다. 모든 인생은 각자의 길이 있고, 주어지는 기회도 다 다르다. 정석처럼 되는 인생이 어디 있는가. 세상에는 공짜가 없다. 열심히 마음을 다해 살다 보면 작은 한 점이 세상에 찍혀지고 이 작은 점이 모여 선으로 이어지고, 이 선이 빛나는 별을 만들지 모를 일이다.

 아들, 딸 모두 결혼하여 나름의 삶을 살고 있지만, 항상 걱정을 달고 사는 것이 부모 마음인가보다. 자식들이 어찌 지내는지 궁금하여 서울로 향했다. 생활 형편을 둘러본다. 함께 시간을 보내고 대전으로 내려가는 길이다. 한강을 건너는 열차가 석양을 안고 달린다.

추억의 공간에서

서울 하늘의 따가운 햇볕이 한낮의 한적함을 만든다. 출산 후 처음으로 시간을 낸 며느리와 함께 오붓이 창경궁을 찾았다. 다른 환경에서 자라 결혼이란 틀에 갇혀 낯선 사람들을 만나고, 산고의 고통과 아이 돌봄의 어려움을 겪는 며느리가 안쓰럽고 대견하다. 잠시의 휴식이지만 이 여유로움으로 피로가 싹 가시길 소원한다. 창경궁은 사색하기에 더없이 좋은 공간이다. 강렬한 기운의 햇볕을 피해 무성한 나무 사이로 난 숲길로 들어섰다. 간간이 시원한 입추의 기운이 바람결에서 느껴진다. 마음 착한 며느리 손을 살며시 잡고 현재가 아닌 과거의 길을 거닐어

본다. 임금과 공주라도 된 듯이 느릿한 걸음걸이로…….

창경궁.

조선 시대 모든 궁궐은 남쪽을 향하고 있는데, 창경궁만은 풍수지리설에 따라 동쪽으로 향하고 있다. 이 궁은 효성이 깃든 곳인 동시에 애절함과 한이 서린 궁궐이다. 건립 당시 이름은 수강궁壽康宮으로 세종이 부왕인 태종의 만수무강과 평안을 바라는 뜻으로 지었다. 태종 사후에 한동안 사용되지 않다가 제9대 성종이 세조의 왕비이자 할머니인 정희왕후, 생모이자 대비인 소혜왕후, 제8대 예종의 계비 안순왕후를 모시기 위해 대대적으로 궁역을 확장했다. 이후 창성하고 경사스럽다는 뜻의 '창경昌慶'으로 명칭을 바꾸었다. 제19대 숙종 때는 장희빈이 창경궁 통명전 앞에서 사약을 마시고 세상을 떴다. 제21대 영조 때는 선인문 안뜰에서 정조의 생부 사도세자가 뒤주 속에 갇혀서 8일 동안 굶주림과 더위에 신음하다가 요절한 곳이다. 일제강점기에는 창경궁에 일본식 정원과 건물을 세우고, '창경원昌慶苑'으로 개명해 유원지로 만들어 버린 비운의 궁이다. 이곳의 역사는 '사람이 원하는 본래대로, 있는 그대로 되지 않는다' 것을 보여 준다.

창경궁은 도심 속에 역사와 자연이 공존하는 곳이다. 가볍게 시간의 행복을 누릴 수 있는 한적하고 편안함이 묻어나는 궁이다. 아무 생각 없이 즐겼던 어린 시절의 다락방과 같이 아늑하고 차분한 느낌이 든다. 거분한 발걸음이 시간과 공간을 넘나든다. 초등학교 시절 조치원에서 기차를 타고 서울에 오면 외삼촌은 반드시 이곳에 데리고 왔다. 그 당시 벚꽃이 만개하였고 인산인해의 사람들로 매우 혼잡했던 기억이 난다. 생전 처음 타본 놀이기구와 호랑이, 코끼리가 있는 동물원, 신기한 유리온실의 식물원이 있었다. 시골에 내려가면 친구들에게 몇 날 며칠을 자랑했다.

새들의 지저귐, 매미의 울음소리가 시원함을 나른다. 햇빛 사이로 비치는 단풍 나뭇잎 색깔이 카멜레온처럼 변한다. 자세히 살펴본다. 가리개를 두른 것처럼 빛을 막아주는 잎의 색깔이 본래의 질감과 색상에서 벗어난다. 아니 본래라는 말이 적합하지 않다. 나뭇잎 자체의 고유한 색상이 빛의 방향에 따라 그 현상이 달리 보인다. 이런 것을 인상印象이라 하는가. 사물을 볼 때 시간과 방향에 따라 다른 느낌을 받는다는 것이 신기롭다.

무엇이 본질인가. 본래 정해진 색도 답도 없다. 그런데도 사람들은 내 눈에 보인 것이 본래의 색이라고 확신하며 고집을 부린다. 틀린 것이 아닌, 서로 다름을 인정하려 하지 않는다. 자연의 모든 것은 자기만의 독특한 방식과 다양한 기준으로 살아가듯, 우리도 각자의 방법으로 삶을 살아간다. 어떤 길을 어떻게 가느냐는 방법의 차이가 있을 뿐 지향하는 목적지는 같다. 내가 가는 길이 나만이 오롯이 갈 수 있는 유일한 길이다. 세상은 내가 원하는 대로 바라는 대로 이루어지지 않음을 창경궁의 역사에서 느껴본다. 선인문을 오랜 세월 지켜온 늙은 회화나무는 비록 줄기는 비틀리고 속은 썩어버렸지만, 태풍처럼 바람처럼 지나간 옛이야기를 아직도 품고 있다. 죽은 듯 살아있는 붉으며 허연색의 주목도 '살아 천년, 죽어 천년'이란 명성이 결코 빈말이 아님을 증명하듯 당당하게 제 몸을 두드리며 나온다. 나와 착한 며느리는 바람이 전하는 이들의 먼 이야기를 묵묵히 들어 주며, 가손와 함께 다시 찾아올 것을 약속한다.

제2부

저마다 가는 길이 다르듯
솟아나는 아픔의 발자취도
기쁨의 소리도 다릅니다.

사랑의 그림자

　후드득, 후드득 굵은 빗줄기가 창문을 노크한다. 이런 날이면 감성돋는 발라드 음악을 들으며 누군가에 대한 그리움의 감정을 느끼고 싶다. 잊었던 얼큰한 맛의 오징어뭇국도 먹고 싶다. 순간 좁은 방에 오밀조밀 앉아 밥상이 들어오길 기다리는 다수의 인물이 등장한다. 어머니가 국대접에 떠주던 오징어를 흘끔흘끔 넘겨보는 어린 동생들, 꼬르륵 소리를 침으로 누르며 둥근 밥상에 빙 둘러앉아 저녁밥을 먹던 어릴 적 모습이 뚜렷하게 형상으로 나타난다. 아바타를 이용하여 가상의 세계로 돌아가고 싶다. 지금도 누이 손맛을 통해 어머니를 만날 수 있기 때문에 가끔 누이 집에 들러 밥을 얻어먹는다.

　내일은 서울에서 아들과 딸을 만나기로 한 날이다. 여전히 세찬 빗소리는 내 귀를 울린다. 자식들과 떨어져 지낸 지가 벌써 십여 년 세월이 흘렀다. 가족 카톡 방에서 사진과 영상 문자는 서로 주고받지만, 함께하고픈 마음은 나이가 들수록 비례를 한다. 집에 자주 오지 않는 이유가 무엇일까? 일이 바빠서인가, 집에 내려와도 편히 쉴 공간이 없어서인가, 아니면 내가 바빠서인가, 나름의 생각을 해본다. 어쩌다 집에 내려와도 종일 잠만 자고 간다. 별 대화도 나누지 못하고 헤어지는 일이 반복된다. 아이들이 자라면서 남겨 놓았던 손때묻은 물건들도 하나, 둘, 자리를 털고 나간다.

"잃어버린 것 없나 잘 챙겨봐요."
"가스 불도 살펴보고……."
　세월을 많이 만나다 보니, 이제는 깜빡이가 친구 하자며 떨어지질 않는다. 맑은 아침 햇살과 함께 대전역으로 향하는 시내버스에 올랐다. 가수 조용필 노랫소리가 들리고, 운전기사는 흔들거리며 참 여유로운 운행을 한다. 우리는 맨 뒷좌석에 앉았다.

그대 발길 머무는 곳에/ 숨결이 느껴진 곳에/ 내 마음 머물게 하여 주오.

그대 긴 밤을 지샌 별처럼/ 사랑의 그림자 되어/ 그 곁에 살리라…….

사랑의 그림자?

자식들을 만날 생각에 아내는 기쁜 표정이 역력하다. 어제 저녁내 돼지 쪽갈비를 손질하고 갖은양념류와 밑반찬을 챙기면서 세심한 정성을 기울인다.

"무겁게 뭐 이런 것까지…, 그냥 식당 가서 사 먹지."
"여보, 그래도 그게 아녀요."

자식은 엄마의 사랑이 깃든 음식 맛을 느낄 때, 그리운 기억이 호출된다. 바로 이 음식 맛이 엄마의 그림자다. 아내는 시내버스에 앉아서도 연신 내 눈치를 살피며 이런저런 아이들 이야기를 내게 주입 시킨다. 그래도 우리 아이들이 부모 생각하는 마음은 누구 못지않게 남다르다는 것을 은근 강조하더니 이내 조용하다. 돌아보니 아내는 머리를 버스 창문에 살짝 기대고 짬짬

이 잠을 잔다. 지나간 청춘의 미련은 없지만, 세월 속에 변화된 아내 얼굴을 보니 딱한 마음이 든다. 어찌 굴곡진 지난 세월을 탓할까? 암 환자인 나와 어린 자식들 사이에서 당신 마음 오직하였겠는가. 당신의 이 곤한 잠을 누가 대신 자 줄 수 있겠는가?

세월은 시간을 먹으며 한 시대를 남긴다. 나도 시간을 먹으며, 기억과 추억을 남길 것이다. 아내 얼굴에 그려진 고단함이 내 마음을 파고든다. 상처의 고통은 겪어본 사람만이 안다. 고통을 극복하는 것은 기쁨이고, 이 기쁨은 우리네 사랑으로부터 온다.

아, 그랬었구나

　사람은 누구나 이런저런 사연 하나쯤은 지니고 살아간다. 저간의 사정을 들어보면 그동안의 행동이 이해된다. 하지만 우리에게는 그럴만한 시간도 여유도 없다. 사는 게 바빠서 그런지, 서로의 가슴에 무언의 벽이 있어서 그런지 아쉽기만 하다. 늦은 저녁에 아들에게서 전화가 왔다. 불편한 심기가 가득한 착 가라앉은 목소리다. 어제저녁에 엄마와 통화하다 다투어 기분이 좋지 않다고 한다. 자신도 모르게 무슨 일을 저지를 것만 같은 충동을 느낀다면서 웅얼댄다. 결혼식을 앞두고 이런저런 어려움 속에 홀로 애태우는 아들이 안쓰럽다. 어떻게 다독거려 주어야 할지 고민스럽다. 무슨 말로 어떻게 위로를 해줄까 생각하다 보니, 내 가슴 속에도 틈이 가고 아직 메우지 못한 구멍이 드러난다. 덤덤하게 가족 카톡 방에다 글을 올렸다.

카톡 1.
우리 가족이 너무 일찍부터 떨어져 지내다 보니 소통과 이해가 부족하고, 내가 보고 느낀 것 만을 가지고 판단해서 오해의 소지가 있을 수도 있다. 어떤 속내를 가지고 지내는지 펼쳐 놓고, 서로를 알아보는 이해의 마당을 열어보자. 가족 카톡 방에 〈아, 그랬었구나!〉라는 코너를 만들어 터놓고 이야기하며 속 시원하게 살아보자.

카톡 2.
"아버지, 이거 어떻게 운영하나요?"
자기의 섭섭한 감정이나 하고 싶은 이야기를 카톡 방에 올려놓으면 그것을 읽고 "아, 그랬었구나!" 하고 각자 느낀 마음이나 솔직한 감정을 댓글로 표현하는 방식으로 하자.

내가 먼저 속마음을 독백하듯 카톡(3)을 보냈다.

카톡 3.

　이른 새벽, 처가 식구들과 백두산 여행을 가기 위해 집을 나섰다. 아내는 아들에게 연락하면 부담을 갖는다며 조용히 다녀오자고 한다. 그래도 혹시 모를 일을 대비해 가는 곳만이라도 알리자고 했다. 결국 아내의 부담 주고 싶지 않다는 고집스러운 주장을 따라 연락하지 않고 떠났다. 공항에서 로밍할까 고민하다가 아들이 매달 내주는 휴대폰 통화료가 생각난다. 크게 통화할 일도 없는데 휴대전화기 전원을 끄고 다니다가 와이파이가 있는 곳이나 호텔에서만 사용하기로 했다. 중국 장춘에 도착했다. 저녁 식사 중에 처남으로부터 전화를 넘겨받았다. 아들의 다급하고 짜증스러운 음성이 귀에 거슬린다.
　"아버지, 왜 그렇게 전화를 받지 않으세요. 온종일…?"
　신혼집 계약금 문제로 전화를 한 아들의 두서없는 통화가 당황스럽다. 아들이 여유를 갖기에는 세월이 더 흘러야 할 듯싶다. 호텔에 돌아와 침대에 누웠다. 폭신하다. 몽실몽실한 구름 위에 누워있는 것 같은 편안함이 봄날의 따스한 햇볕처럼 스며든다. 순간, 나 자신이 참 궁상스럽다는 생각이 든다. 집 떠난 아이들의 체취를 오랫동안 간직하고 싶은 마음으로, 아이들이 초등학교 때부터 쓰던 침대를 아직도 버리지 못하고 우리는 여태

껏 사용하고 있다. 물론 어려운 환경도 있었지만 조금이라도 경제적 규모를 키워서 자식들이 힘들 때 기댈 언덕이 되어 주고 싶은 마음에서다. 선배들은 다 부질없고 소용없는 짓이라고 한다.

중국 장춘을 떠나 인천공항으로 오는 비행기 안에서 상품안내 책자를 뒤적이다 잠이 들었다. 아들과 딸이 외손녀를 데리고 반갑게 공항으로 마중을 나왔다. 모두 자기들 집에서 쉬었다 가라며 짐을 차에 싣는다. 깨어보니 언감생심의 부질없는 꿈이었다. 인천공항에서 대전으로 내려오는 내내 전화 한 통 없는 것이 못내 서운하다. 이제는 자식들이 너무 커서 훈계나 교육도 어렵다. 듣기 싫은 말을 해야 할 때도 한참을 에둘러 절제하는 말로 대신한다.

카톡 4.
아, 그러셨군요. 저는 그런 줄도 모르고…, 아버지, 죄송합니다. 그동안 고생 많으셨는데 아직도 계속 짐을 지워 드린 것 같아 너무나 송구하고요. 앞으로는 아들로서 결혼하는 어른으로서 부모님을 편히 모시도록 노력하겠습니다.

카톡 5.

아, 그러셨군요. 아빠, 이제 막 은서 재웠어요. 그동안 이런 부분을 몰랐다는 것도 죄송하고 속상합니다. 제가 엄마가 되었지만, 아직도 헤아림이 부족하네요. 두 분 마음이 저보다 크시기 때문이 아닐까 싶어요. 저희가 부족해서 늘 받기만 하였지만, 이제는 그 무게에서 내려오셔도 되지 않을까요. 늘 저희 뒤에 계셨듯, 저희가 받쳐드리도록 하겠습니다. 아빠, 늘 감사드리고 사랑합니다.

가족 간의 소통과 성찰은 미래에 행복을 가져다줄 것이다. 개개인의 상처는 가족이라는 공동체의 힘이 없으면 극복하기 어렵다. 어느 시인은 '바다'는 모든 것을 다 받아주기에 '바다'라고 표현했다. 바다와 같은 가족 카톡 방에서 삶의 파도를 유영하며 공감의 윈드서핑 놀이를 즐기고, 우리의 생각을 얻는다.

나는 어디로

"아버지, 오늘 초복인데 삼계탕 드셨나요?"

복날 인사를 받을 정도로 나도 나이가 들었나 보다. 그 옛날, 어머니는 복날이 되면 보신탕이나 삼계탕을 정성껏 마련해서 아버지의 건강을 챙겨주었다. 런닝구 차림의 아버지는 이 정도 더위는 견딜만하다면서 서둘러 일을 끝내려고 애쓰던 모습이 기억난다. 우리들의 울타리였던 부모님의 삶이 고귀하고 존경스럽다.

어느덧 생각하는 시간이 많아지니 돌아가신 아버지가 그리워진다. 아버지는 남 보기에는 좋은 아버지였지만, 나에게는 엄격했다. 아버지는 오랜 기간 투병 생활을 하였고. 수술, 한방치료, 민간요법, 기도원 생활, 굿 등 치료에 도움이 된다는 것은 안 해 본 것이 없었다. 아버지를 살릴 수만 있다면 '내가 대신 죽어도 좋다.'라는 생각도 했다. 내 나이 서른 살 때다. 한편 몸이 지치고 힘에 부칠 때면 이 괴로움에서 빨리 벗어나고 싶다는 생각도 고개를 들곤 했다. 아버지가 있는 삶과 아버지가 없는 삶을 생각해보았다, 내 가슴속 저편에 또 다른 내가 있었다. 아버지를 일찍 여읜 사람은 세상의 온갖 어려움을 스스로 헤쳐나가면서 자기 존재의 눈을 뜬다. 그러면서 아버지의 속박에서 벗어난 자기만의 자아를 형성한다. 장 폴 사르트르는 '인간은 우선 실존하고, 그 후에 스스로 자유로운 선택과 결단의 행동을 통하여 자기 자신을 만들어 간다'라고 하면서, '아버지가 아들에게 줄 수 있는 가장 큰 선물은 일찍 죽는 것이다.'라고 했다. 옳고 그름을 떠나 아이러니한 생각이 든다.

은퇴 후, 내 삶의 경험을 나누는 중부권 인생 멘토로 활동을 하고 있다. 첫날에 중학교 강의를 나갔다. 멘티들과의 첫 만남에서 '어, 뭐지.'라는 동요가 일어났다. 내가 생각한 멘티들의 모습과는 전혀 다르다. 세월 흐름의 변화가 곧 파악된다. 학생들에게 소중한 가족에 대한 사랑의 순위를 정해 보도록 했다. 놀랍게도 아이들 마음속에서 아버지의 존재가 사라졌다. 가족 중 마지막 순위이거나 아예 순위에 없는 사례도 나타났다. 엄마와 애완견이 1, 2위 자리를 다툰다. 동생보다도 애완견이나 애완묘를 더 소중하게 생각하는 아이도 있다. 아버지 자리는 없다. 왜 이런 일이 일어나는 걸까? 어떤 아이는 아버지가 집에 들어오면 자기 방에 들어가서 나오지 않는다고 한다. 아버지 잔소리가 듣기 싫고, 담배 피우는 것도 싫고, 휴일에 잠만 자는 것도 싫단다. 아버지란 소리만 들어도 당당하고, 울타리처럼 든든한 아버지의 자리가 서서히 무너져가고 있다. 아버지란 자리는 멋진 자리가 아니다. 희생과 고뇌가 항상 뒤따르는 고행의 자리다. 그런데도 가족을 안심시키기 위해 '아닌 척, 별일 없는 척'하는 모습을 보인다. 가족들은 살을 깎는 이런 고통을 이해하지 못한다. 그저 돈이나 벌어오면 된다는 생각이 지배한다. 원인과 과정 없이 이런 결과가 나 올 수는 없다. 아버지 역할에 대한 안내서를 본적도, 아버지 역할에 대한 올바른 가르침을 받은 적도 없다. 그저 아버지의 뒷모습만 보아 왔을 뿐이다.

매일 겪는 사회적 환경변화 속에서의 치열한 경쟁이 우리의 가치와 지향점에 영향을 준다. 아이들은 아이들대로, 아버지들은 아버지대로 각자의 길을 간다. 아이들은 아버지의 말을 지겨워하며 잔소리로 깎아내린다. 행복을 미래를 이야기하면 꼰대로 치부된다. 꼰대로 몰리는 일에서 벗어나고자 스스로 자존을 무너뜨린다. 내 생각과 말이 혹여 시대에 뒤떨어지지는 않을까? 젊은 척, 아닌 척한다. 사회적 질서가 변화되어 생겨난 현상 속에서, 아버지라는 소리가 깊은 안갯속의 혼돈으로 다가오며, 내게 길을 묻는다.

시간 속에 갇힌, 차 한잔의 추억

싱그러운 아침이 문을 연다. 언제나 똑같은 시간의 연속이지만, 눈 뜨면 반갑고 어딘가로 이어지는 오늘이 행복하다.

"아버지, 통화 괜찮으세요. 산부인과에 다녀왔는데 5주 되었다고 하네요."

아들의 밝은 목소리가 경쾌하게 쏟아진다. 이어서 가족 카톡에 사진과 초음파 동영상이 날아든다. 영상 속에 비치는 움틈이 새 생명의 경이로움과 존재의 시작을 알린다. 오월의 푸른 목장

에서 수많은 소 떼가 바람을 일으킨다. 우두머리를 따라 지축을 흔들며 능선을 타고 내려오는 소 떼의 광경을 바라볼 때처럼, 가슴이 격렬하게 둥둥거린다. 가슴속에 숨겨져 있던 삼십육 년 전의 기억이 숨을 토하며 떠오른다. 아들이 첫울음을 내며 세상에 나온 날, 하늘엔 달이 밝았고, 상오 세시의 별은 반짝였다. 병원 옥상에서 하늘을 올려다보는 내 눈엔 눈물로 가득했다. 왜 울었는지는 모르지만 돌아가신 어머니가 생각났고 그리웠다. 제일 먼저 반길 것 같던 어머니에게 자랑하고 싶었다. 만약 내가 곧 세상에서 사라지게 된다면, 제일 먼저 그리워하게 될 것은 무엇일까? 지난날 아들이 내게 보내온 편지를 찾다가, 내가 아내에게 보낸 편지를 발견했다.

여보, 어제의 시간은 정말 즐거웠어요. 오늘 당신이 차려준 맛난 밥 먹고, 이른 출근 했는데 여유가 있어서 너무 좋아. 아무도 없는 사무실에 홀로 앉아 아침 햇살을 받으며 커피의 향기를 마시고 있어. 창밖의 백일홍을 보다 보니 '내가 꽃집을 하면 잘할 것 같다.'라는 당신 말이 떠오르네. 고맙고, 이 아침의 신선한 바람과 함께 당신을 향하는 내 사랑의 마음을 전하고 싶어. 햇빛의 찬란함이 함께 어우러지는 커피의 향기는, 당신과 나의 사랑으로 다시 태어나 언제나 이렇게 머물 것이야. 지난 가을날, 대둔산 차마실에서 따뜻한 차를 마시며 도란도란 아이들 이야기, 그동안 하고 싶었던 일들, 그리고 당신이 마음에 두었던 이야기, 우리와 아이들의 밝은 미래를 그려보며 밤의 시간을 보낸 그 시간이, 왠지 이 차 한 잔의 그리움으로 새록새록 되살아나네. 오늘 차 한 잔의 그리움과 함께 당신의 사랑을 이렇게 그려 보냅니다.

시간에 시간을 더하며 오늘도 인생을 만든다. 아내와의 첫 만남은 편지로 시작되었고, 어느 해인가 백일 동안 나는 매일 아내에게 편지를 썼다. 왜 백통의 편지를 썼는지 기억은 나지 않지만, 아마 뭔 일이 있었기에 그리한 것 같다는 생각이 든다. 보고 싶은 것만 보여주고, 주고 싶은 것만 주려고 한 편협한 시선이 있었기 때문인지도 모른다.

순백의 찻잔을 바라본다. 나는 지금 어디쯤 와 있는가, 앞으로 언제까지, 어디로, 얼마큼 갈 것인가. 지난 세월을 복기해 보았다. 십 년이면 강산도 변한다고 내 인생도 많은 변화가 있을 것이라고 기대하며 살았다. 그러나 십 년, 이십 년이 지났어도 크게 달라진 것이 없다. 그저 쉼 없이 돌아가는 시간이란 쳇바퀴 속을 돌고 돌아 지난날의 내 아버지처럼 나도 할아버지가 되었다. 이제 내 아들이 아버지가 되었고, 아들도 언젠가는 할아버지가 될 것이다. 인생 뭐 있는가? 점점이 이어지는 순간순간을 행복이라 여기고 사랑하자. 이제는 손자와 깊은 사랑에 빠져 살고 싶다. 계절의 순환처럼 돌고 도는 인생의 나뭇가지에 새순이 잉태한 기쁨은 이루 말할 수 없다. 거짓말 같은 기쁨이 순간처럼 다가왔다. 이 순간을 온전히 그대로 간직하고 싶다. 행복은 추구의 대상이 아니라 발견이라 했다. 누가 뭐라든 이 순간을 사랑하고 싶다. 시간 속에 갇힌 차 한잔의 추억을 다시 꺼내어 행복을 들여다본다.

선택과 빚쟁이 인생

한밤의 적막 속에 이방 저방을 둘러본다. 아들과 딸의 체취를 느낄 수 있었던 물건들을 이젠 볼 수가 없다. 세월이 흘러 자식들도 모두 결혼해 독립해 살다 보니, 공간 사용의 필요에 따라 아이들 물건들이 하나씩 속절없이 버려졌다. 어느 때는 그냥 생각 없이 치워버리기도 하였다. 얼마 전, 이 핑계 저 핑계를 대면서 애지중지 고수했던 피아노를 처분했다. 피아노 앞에 앉으면 나도 모르게 마음이 편안했다. 어린 시절의 딸아이 모습이 떠올라 행복함을 느꼈기 때문이다. 지난 시절의 시간으로 되돌아가서 잠깐이나마 기쁨의 순간을 주었던 것이 피아노였다. 주기적으로 조율을 해왔던 피아노를 보내면서 마지막으로 피아노를 쳤다. 소리가 너무 듣기 좋아 보내기 싫었다.

"피아노를 이렇게 잘 치시는데, 그냥 두시지 왜 처분 하세요."

피아노를 가지러 온 사람이 이상하다는 반응을 보이며, 무슨 사연이 있냐고 묻는다. 살다 보면 내가 원하지 않는 일들이 종종 일어난다. 선택의 연속에서 갈등을 겪는 것이 삶이다. 공간이 주는 편리성과 지난 시절의 추억 중 어떤 선택을 해야 행복할까. 우리는 그저 겪어보지 않은 상황을 그리며 환상에 젖는다.

어린 시절, 커서 돈 많이 벌면 아버지, 어머니 호강 시키고 원하는 모든 것을 해 드려야겠다는 다짐을 했다. 대학을 졸업하고 직장을 잡았다. 첫 월급을 받았다. 이것저것 쓸 것을 예상하니 별로 남는 돈이 없다. 그동안 부모님에게 크게 해드리려 했던 마음이, 편의적 계산을 하면서 슬그머니 그 크기가 작아졌다. 좀 더 형편이 나아지면 해드려야겠다고 슬슬 핑계를 대며 시기를 미루었다. 결혼하고 첫 아이가 태어났다. 양육비도 만만치 않고 집도 빨리 장만해야겠다는 성급한 마음이 앞선다. 당연히 아버지에게 드리는 용돈의 크기도 내 생각의 크기보다 더 작아졌다. 그러다 그만 아버지와 영영 이별을 하고 말았다. 부모님은 내가 효도할 기회를 기다려주지 않았다. 의미 있는 선택을, 책임 있게 할 순간에 핑계를 대며 시기를 미룬 내가 밉다. 이젠 형편이 나아졌지만 하고 싶어도 할 수가 없는 상황이 되었다. 나는 그저 환상에 젖어 아버지에게 내 생각을 온전히 드릴 기회를 잃은 것이다.

삶이 곧 돈인가. 자식이 태어나는 순간부터 돈과 직결이 된다. 돈을 이야기하면 사람들은 속물처럼 대한다. 사실 속마음은 아니면서 말이다. 자식은 학교를 졸업하고 사회에 첫발을 내디디며 스스로 독립하기 전까지 부모에게 많은 빚을 진다. 자식은 커서 부모에게 진 빚을 갚아야겠다고 스스로와 약속을 한다. 더불어 부모에게 무엇을 해주겠다는 다짐도 한다. 문제는 빚을 갚기는 고사하고 더 깊은 빚에 빠져든다는 것이다. 취업하기도 어렵고 직장을 잡아도 받는 월급은 살아가기에 빠듯하다. 어렵사리 결혼해도 신혼집 마련을 위해 은행에 대출을 받거나, 부모에게 또다시 손을 벌려야 한다. 그러다 아이를 낳으면 내 부모가 나에게 그랬듯이 양육비와 교육비 마련에 어려움을 겪는다. 부모에게 효도 선물과 효도 해외여행을 언제 해줄 수 있을지, 그날은 환상 속에 점점 멀어져 간다. 그리고 본의 아닌 죄책감에 시달리면서 다람쥐 쳇바퀴 돌 듯 살아간다.

'삶'은 태어나서 죽음에 이르는 동안 사는 일이다. 내가 원하는 생각을 실천하지도 못하고 당면한 현실에 매몰된 삶을 산다면, 내가 원하는 삶이 무엇인지도 모르고 생을 마감하게 될지도 모른다. 이젠 내 감정에 솔직해야겠다. 주변의 시선이나 평가를 의식하지 않는 내게 가장 잘 어울리는 삶을 말이다. 먹고살기에 급급한 삶 속에서도 정체성이 있는 삶을 살 때 진정한 행복이 있을 것이다. 삶의 행복과 안정감은 나 자신의 선택 속에서 얻어지는 것이다. 이젠 내가 진 부채를 갚음 하는 삶을 살아야겠다.

고려산에서의 꿈

    2021년 5월 15일, 서울에 있는 산후조리원에서의 기본 생활을 마친 손자가 강화도에 있는 외가로 생애 첫나들이를 한다. 이른 아침부터 짓궂게 내리는 비가 아기용품을 챙기는 수고로움에 더 큰 무게를 얹는다. 조심스레 아들 내외가 앞서고 우린 그 뒤를 따른다. 흐린 날의 거뭇한 바다 정경을 아쉬워하며 초지대교를 넘는다. 지난날 이곳 강화도 고려산에서 마주친 추억의 한 장면이 훅하고 날아든다. 깊은 인상이 남아서 그 당시에 이런 글을 남겼다.

　모처럼 청명한 하늘이 저 멀리 계룡산 천황봉까지 볼 수 있는 호사스러움을 준다. 순간 오버랩이 되면서 강화도 고려산의 화려한 진달래 군락지가 나타난다. 산봉우리를 연분홍빛으로 뒤덮은 진달래 무리가 길을 내준 고려산 정상을 힘겹게 올랐다. 이곳에서 군 복무 중인 아들을 만나 기쁨의 시간을 보냈다. 푸른 군복에 견장을 찬 아들과 함께 산길을 걷는다. 나를 능가하는 훌쩍 큰 키와 단단한 몸집이 세월 흐름을 실감케 한다. 산 능선은 진달래 축제를 즐기려는 등산복 차림의 인파로 북적인다. 산바람 소리와 함께 호객전이 들린다. 검은색 선글라스를 끼고 흰색 티셔츠에 청바지를 입은 청년이 아이스크림과 시원한 음료수를 팔고 있는 소리다. 바윗돌 위에 놓인 하얀 아이스박스를 리듬감 있게 두드리는 그에게 호감이 간다. 바로 그때 아들이 그에게 다가가더니 경례를 한다. 궁금해서 물어보았더니 자기 부대 중대장이란다. 주말이면 으레 멋진 사복을 입고 이렇게 부업을 한단다.

참 보기 드문 현상이다. 어떻게 해석해야 할지 짧은 시간에 여러 생각이 든다. 사관학교 출신이라는데…. 사연을 들어보니 나름의 꿈이 있다. 그 꿈을 이루기 위해 쉬는 날에는 이렇게 좌판을 연다. 예전에 정장 차림으로 호떡을 팔던 사람의 말이 생각난다. 사람은 어떤 옷을 입느냐에 따라 내 말과 행동이 달라지고, 상대방으로부터 평가를 받게 된다고 했다. 편한 옷을 입으면 마음이 편하고 일을 하는데 행동이 자유롭다. 겨울에 두꺼운 점퍼 차림은 따뜻하고 편안함을 준다. 하지만 고객은 정장을 입었을 때처럼 나를 가치 있는 사람으로 보지 않는다. 존엄성은 나 스스로 지켜야 하기에 불편을 감수하고, 항상 깨끗한 정장 차림으로 호떡을 만들고 고객을 대한다고 했다.

진주는 흙바닥에 있든 아름다운 여인의 목에 있든 진주다. 남들이 볼 땐 아이스크림 장수에 불과하지만, 그는 당당한 장교이자 미래 사업가이다. 그의 생각이 무엇인지 어떻게 될지 호기심이 더해간다. 이천칠년하고도 사월 스무사흗날의 일이다.

  온종일 비가 추적댄다. 강화에서 대전으로 내려오는 동안 이런저런 생각이 꼬리를 문다. 십사 년의 세월이 흘렀는데 그 중대장은 지금 어떻게 변신하였을까? 어떤 결과를 가져왔는지 궁금하다. 나도 처음 직장 생활할 때 잠시 다른 꿈을 꾼 적이 있었지만, 선뜻 실행에 옮기지 못했다. 나에 대한 존중감이 부족하고 남을 의식하는 마음이 커 나 자신을 포기했던 것 같다. 우리 사회는 직업과 직급 등 위치에 따른 겉모습을 보고 선별적 존중을 나타내는 경향이 있어, 자기 존중을 넘어 사회적 존중으로의 연결이 쉽지 않다. 아버지는 어릴 적 내게 "너는 나보다 나아야 한다."라고 했다. 유교적 미덕에 갇혔다. 그래서인지 무슨 생각에서 그랬는지 나도 아들에게 '승어부勝於父'라는 말을 읊조렸던 기억이 있다. 참 부담스러운 말이다. 이제야 내 가치관을 갖고 내가 추구하는 지향점을 찾아가는 삶의 여정을 깨닫는다. 내가 주인공이 되는 삶을 말이다. 나는 아들이 가려운 곳을 비벼대는 작은 둔덕이 되면 족하다. 이제는 강화도 고려산에서 새롭게 돋아나는 꿈을 바라보며 살아가야겠다. 나는 항상 무언가에 매달려 사는 존재인가 보다.

그리움도 아픔 되어
― 늦가을에 부쳐

매년 반복되는 늦가을의 정취가 왜 남다를까? 눈앞을 스치듯 지나가는 바람이 저편 기억을 일깨운다. 우리 집안은 명이 짧아 회갑을 넘긴 분이 없다. 타고난 내 사주 또한 단명하다고 했다. 어머니는 액막이해야 한다며 온갖 것을 다 했다. 장독대와 부뚜막 위에다 정화수를 떠 놓고 빌었다. 절에 가서 치성도 드렸고, 초등학교 5학년 때는 수양 할머니도 맞이했다.

찬 바람 불고 나뭇가지도 앙상한 늦가을에 수양 할머니와 어머니는 계룡산 능선을 타고 오르다가 어느 큰 바위 밑으로 나를 데리고 갔다. 어머니는 인적도 없고 무섭기만 한 그곳에 시루떡과 삶은 돼지고기, 과일들을 차려놓고 정성스레 절을 한다. 기도를 마치고 소지를 올린다. 부정을 없애고 산신에게 소원을 빌기 위하여 희고 얇은 종이를 불살라 허공에 날린다. 창호지가 하늘거리며 잘 타 올라갈 때까지 연신 허리를 굽혀 기도하던 어머니, 처음 보는 낯선 광경이다. 어머니의 애절한 이 모습을 잊을 수 없다.

단명함을 넘어 회갑이라는 예순한 살의 나이가 되었다. 가족들이 축하 자리를 마련한다고 한다. 만감이 교차하면서 도저히 받아들일 마음이 나질 않는다. 며칠 생각 끝에 축하연을 거절했다. 부모님 산소나 다녀오고 조용히 혼자 지내고 싶다는 의사를 가족에게 전했다. 그리고 그동안 꺼내지 못했던 고래 심줄 같은 속내를 가족 카톡방에 올렸다.

빛바랜 낙엽이 덩그러니 흩날린다. 지난 세월의 싱그러움도 아름다움도 모두 비우고 휘휘 춤을 추며 날아간다. 돌이켜 보니 내 인생은 어린 나이부터 고난과 역경의 연속이었고 장남이라는 무거운 짐을 지고 걸었다. 임종을 지켜보며

"동생들을 잘 보살피겠습니다."

아버지에게 드린 약속이다. 이 약속을 지키기 위해 나는 힘든 나 자신을 보듬고 스스로 의지하며 살았다. 이제 바라보니 육십일 년의 삶이 지고지순하였다. 명이 길지 않은 집안에서 가족들과 회갑의 기쁨과 서로를 향한 축복을 함께 즐기고 싶다. 하지만 그동안 잊고 지냈던 부모님을 향한 애달픈 추억이 아련하게 솟아나서 마음이 정리되지 않는다.

중학교 이학년 때 엄마가 무척 아팠다. 오랫동안 앓아누워서 마음이 쓰였다. 괜히 짜증도 났지만, 내가 어떻게 할 수 없다는 것에 더욱 화가 났다. 이웃집이 김장한다고 동네 사람들이 북적대던 그 날도 학교에서 돌아오니, 어두컴컴한 방에 엄마는 혼자 이불속에 누워 있었다. 막막한 어둠만이 나를 맞는다. 나는 신문 배달을 하면서 모아 두었던 책갈피 속 돈을 찾아들고 무작정 시장으로 내달렸다. 파장 속의 쓸쓸한 장터…. 어렵게 수삼 파는 곳을 찾았다. 어둑함 속에 주섬주섬 짐 보따리를 싸는 할머니에게 얼마 되지 않은 돈을 모두 주며 사정을 했다. "할머니, 우리 엄마가 아파서요." 할머니는 내 얼굴을 빤히 쳐다보더니 아무 말 없이 주름지고 투박스러운 손으로 크고 작은 수삼 몇 뿌리를 시멘트 포대 종이에 둘둘 말아서 내준다.

"엄마, 이거!"

힘차게 방문을 열고 신문지에 싼 수삼을 내밀었다. 엄마는 시멘트 포대 종이를 펴보며 힘든 미소를 짓는다. 힘에 부친 듯 작은 목소리로

"우리 아들이 효자네."

말끝을 흐린다. 나는 엄마가 눈물을 흘리고 있다는 것을 알았지만, 마음이 더 아플 것 같아서 모른 척했다. 철없던 나는 엄마가 그것만 복용하면 완쾌할 줄로만 알았다.

어머니가 돌아가셨다. 그리고 삼 년 세월이 흘렀다. 계룡산 능선의 늦가을, 매운 초저녁 바람이 칼날처럼 뺨을 저민다. 위암 말기로 6개월 시한부 선고를 받은 아버지는 생의 끝자락을 붙잡고 간절하게 기도한다. 아들이 어렵사리 찾아온 것도 모르고 큰 바위 밑에 우두커니 서서 기도한다. 추위에 귓불이 뻘겋다. 어깨는 처지고 곧 쓰러질 것 같은 여윈 몸을 어렵게 지탱하고 서 있다. 점점 꺼져가는 당신의 촛불을 응시하면서 이승과 저승의 문턱에서 서성거린다. 생명의 목마름을 갈구하는 아버지, 그때 아버지는 어떤 마음이었을까? 스물아홉 살의 나는 그 처연함에 눌려 인기척도 못 내고 아버지 뒤에 서서 눈물만 흘렸다. 죽음 앞에 선 인간의 나약함과 무력함에 무릎 꿇고 애원했다.

"제발 우리 아버지 좀 살려 주세요."

지난 세월을 나는 잊은 줄 알았다. 찬 바람 부는 늦가을이 돌아오니 그리움이 아픔으로 밀려오고, 어머니의 애잔한 목소리와 아버지의 쉰 목소리가 가슴에 사무친다. 이 아픔이 그리움인 줄 알았더라면 원망이나 하지 말았을 것을…….

아버지와의 삶

　인생길에는 저마다 고통이란 심술딱지가 붙는다. 사람들은 고통을 피하려고 신앙을 갖거나 이런저런 노력을 끊임없이 한다. 불교에서는 고통의 원인이 인간의 욕심과 분노, 무지에서 비롯된다고 한다. 기독교에서는 인간의 원죄라고 한다. 인간 자신의 잘못에서 시작되었다는 것이다. 에덴동산에서 아담과 하와가 하느님의 명령을 거역하고 선악과 열매를 따 먹었기에 고통이란 벌을 받는다는 것이다.

　예전에 어두컴컴한 다락을 정리하다 겉장은 떨어져 나가고 가장자리가 나달나달 닳은 대학노트를 발견했다. 아버지가 오래전에 쓰셨던 가계부다. 곰팡이가 피어 퀴퀴한 냄새가 나고 노트를 넘기자 먼지가 폴폴 날린다. 1969년 7월 9일 전기료 967원, 반공 회비 150원, 석유 150원, 어린이 신문 대금 100원, 봉산 김씨 부조 100원, 보리쌀 300원, 국수 100원, 아들 책값 300원, 아내 생일 300원. 눈물이 흐른다. '국수, 아들 책값, 아내 생일 300원'이란 검은색 글귀가 세월에 묻어두었던 고통을 깨고 내 눈을 지독하게 때린다. 아버지의 처절한 삶, 애절함이 묻어나는 글씨가 당신이 짊어져야 했던 삶의 무게로 다가온다. 가슴이 저린다. 철없는 시절에 내 눈에 비친 아버지는 돈에 모든 가치를 둔 구두쇠였다.

"이게 다, 너를 위해서 이러는 거야."

꾸짖음을 달고 살았다. 학자금을 내거나 학용품을 사기 위해서는 아버지의 눈치를 먼저 살펴야 했다. 매사에 엄격하고 돈만 아는 아버지로 항상 어머니를 힘들게 하시는 아버지로만 알았다. 어머니 생일날 무엇을 해 주셨는지는 모르지만 300원이란 금액을 쓰셨다. 전혀 생각지도 못했던 아버지의 깊은 정이 순식

간에 몰려든다. 아버지는 그동안 어떤 마음으로 사셨을까. 아버지는 나와 함께 생에 관한 대화를 나눌 시간도, 여유도 주지 않고 일찍이 세상을 떠났다. 나는 아버지의 뜻을 잘 헤아리지 못한다. 내가 받은 고통만이 매서운 한파 속에 매달린 팔뚝 같은 고드름처럼 매달려 있다.

고통이 원죄이고 인간의 무지에서 비롯되는 피할 수 없는 것이라면, 원망만 할 것이 아니라 함께 가는 친구로 인정하고 받아들이고 싶다. 이제 자식을 둔 아버지가 되고 나이가 들다 보니 철이 드는가 보다. 하느님이 원죄로 고통을 준 것은 결코 무가치한 일이 아닐 것이다. 하느님 측면에서 보면 또 다른 이유가 존재할 수 있다. 사람이 모기에 물리면 피부가 부어오르며 가렵다. 긁으면 상처도 나고 심하면 뇌염도 발생한다. 모기의 처지에서는 산란을 위한 단백질과 철분을 얻는 행위로 피를 빨다가 죽을 수도 있는 헌신적 모성애가 된다. 몸과 마음이 아프고 괴로운 고통은 인간으로서 느끼는 편견일 수도 있다. 고통도 나름대로 쓸모가 있다. 고통을 통해서 우리는 더욱 성장하고 세상을 이해하는 마음 쓰임이 넓어진다. 고통에 대해서 기독교는 하느님 명령을 거역한 결과이고, 불교는 인간의 욕심과 무지라는 원인에 그 이유를 두었다. 어느 말이 맞는지는 모르나 결국에는 다름이 아닌 서로 다른 방식으로 나타나는 궁극의 목표이다. 신앙인은 다른 사람보다 세상을 조금 더 깊게 본다. 이해하고 감사하는 삶, 하느님께서 베푸신 고통을 하느님의 빛으로 받아들인다. 무게가 없는 나뭇잎은 떨어져도 피해를 주지 않듯이 나도 가볍게 자유로이 날 수 있도록 고통의 그릇을 비운다. 어느덧 내 나이가 이렇게 된 것도 모르고 살았다. 죽을 때까지 붙박이로 고정되어 사람에게 붙어 있는 것은 아무것도 없다. 고통도 시간이 되면 다 떠난다. 국수 두 끼로 하루를 해결하고, 추운 방에 불도 때지 않고 지내며, 인고의 세월을 이겨낸 아버지가 있었기에 오늘의 내가 있는 것이다. 망각 속에 모든 것 사라졌지만 세월이 갈수록 가족을 위해 헌신적으로 버텨온 아버지의 강건한 모습과 꾸짖음이 그립다.

바가지를 깨고

아내와 TV 예능 프로그램을 시청하고 있다. 게임에서 이긴 사람이 패자의 머리를 바가지로 세게 내리치는 벌칙 게임을 한다. 바가지가 깨지면서 파편이 사방으로 튀고, 아파하며 고통스러워하는 패자의 모습을 보면서 승자는 재미를 즐긴다. 폭력인 것 같은데 폭력적으로 보이지 않는 이상한 게임이다. 입이 심심해서 간식거리를 찾자 아내는 이 늦은 밤에 뭘 먹느냐고 핀잔하며 바가지를 긁는다. 잠자리에서 꿈을 꾸었다.

"어허~ 어야…."

동네 사람들이 구성진 노래를 부르며 빈 상여를 메고 마당을 빙빙 돈다. 사람들이 하나, 둘 모여든다. 마당 한가운데에는 장작 불꽃이 빠르게 활활 거리며 넘실넘실 타오른다. 대문 옆에는 볏짚을 깔고 세 숟가락 정도의 밥과 나물을 담은 사자 밥이 놓여있다. 흰 고무신도 곁에 있다. 문상객들은 웃고 떠들며 막걸리 사발을 계속 비운다. 솔향은 코끝을 자극하고 탁탁 불꽃 튀는 소리가 내 귀를 움직인다. 어머니가 갑자기 돌아가셨다. 갑작스럽게 일어난 상황이어서 말 한마디 듣지 못하고 마지막 임종도 보지 못했다. 이렇게 빨리 이별을 맞이하리라고는 꿈에도 생각하지 못했다. 그동안의 배고픈 설움과 고생은 다 어찌하라고 이리 가시는가요. 외삼촌이 쌀 한 숟가락을 어머니 입에 넣으며 "천 석이요, 이천 석이요, 삼천 석이요"라고 한다. 저승길 가는데, 노잣돈으로 쓰라며 "천 냥이요, 이천 냥이요, 삼천 냥이요"라며 동전을 손에 쥐여 준다. 수의를 입히고 일곱 매듭으로 가지런히 묶는다. 여동생 염습을 주관하는 외삼촌의 음성이 가늘게 떨리면서, 원망 가득한 슬픈 모습이 내 눈을 파고든다. 어린 생질들을 바라보는 외삼촌의 그 눈빛이 애절하다.

출상하는 날, 어머니는 우리를 달랑 남겨 놓고 그동안 품었

던 둥지를 떠난다. 나는 외삼촌과 함께 관을 들어 방의 네 구석에 세 번씩 들이밀면서 "운구요, 운구요."라고 외친다. 외삼촌은 방문을 열고 밖으로 나오면서 문지방 아래 엎어 놓은 바가지를 깨고 나가란다. 순간 눈동자가 흔들린다. 평소 어머니가 가장 소중히 여겼던 살림 도구다. 굵은 실로 꿰맨 바가지로 시집올 때 외할머니가 박을 직접 키워서 만들어준 혼수품 중에 하나다. 외할머니와 어머니의 정이 가득 담긴 이 바가지를 갑자기 깨고 나가라 한다. 잠시 서성이는데 "뭐하냐?"는 다그침에 경황없이 바가지를 밟아 박살 내자 파편이 사방으로 튄다. 어머니를 태운 상여는 집을 향해 세 번 절을 하고.

"이내 팔자 원통하다 땅도 설고 물도 선데 어린 자식 두고 이내 몸이 어찌 가나!"

운구 소리와 함께 선산에 마련된 묏자리로 향한다.

내 생각대로 의지대로 살자고 굳게 다짐해도 결과는 언제나 신통치 않다. 코로나로 행동의 반경이 줄어들고 한 공간에 오래 머물고 있다 보니, 소싯적 어머니 모습을 그리워하는 시간이 많아진다. 누구나 그렇듯이 나도 옛날에는 '나는 도대체 누구이며, 어떻게 살아가야 하는지'에 대한 고민이 많았다. 과거는 돌아보지 말고 앞날만 생각하며 내 의지대로 살자고 했으나, 세월은 내 뜻을 쉽게 받아주지 않는다. 지독한 마음으로 강한 모습만 보이고자 했던 내게, 생각지도 않았던 바가지가 어머니를 소환한다.

내 마음속 바가지는, 오랫동안 어머니의 생활과 밀접한 관계를 이어 왔고, 수많은 세월의 삶을 엿볼 수 있는 다양한 이야기를 간직하고 있다. 어렸을 때 흥부와 놀부의 이야기를 자주 들으며 자랐다. 그리고는 가끔 어머니의 이 바가지가 흥부의 바가지가 되는 꿈을 꾸기도 했다. 그때는 왜 바가지를 깨고 나가라고 했는지 그 뜻을 알지 못했다. 바가지를 깨고 방을 나서는 것은 후손들의 액을 망인이 다 가져가라는 뜻이라 한다. 항상 부엌 찬장 한 곁을 차지했던 바가지는 어머니의 밥그릇이기도 했다.

염주와 묵주

　속리산 법주사 가는 길, 대청호반에 누워있는 성숙기 나무들의 형상이 정겹다. 버스가 산굽이 오르막길을 돌아서자 시원한 산줄기가 눈 아래 펼쳐진다. 물가에 자리한 너럭바위 끝 틈에 꼿꼿하면서도 기품이 있는, 마치 수도하는 선승처럼 생긴 독특한 형상의 소나무가 눈을 잡아끌며 청춘의 시절로 시간을 되돌린다.

　고등학교 시절에 친구들과 속리산으로 등산을 갔다. 그곳에서 눈이 아주 맑고 잘생긴 내 또래 스님을 만났다. 우리는 법주사에서 버스 정류장까지 함께 걸으며 신은 존재하는지, 종교는 무엇인지, 기독교와 불교가 어떻게 다른지에 관한 이야기를 나눴다. 스님은 불교, 힌두교, 기독교, 이슬람교 등 어떤 종교든 추구하는 목적과 지향은 다 같다. 다만, 가는 길과 방법이 다를 뿐이라고 한다. 그리고는 성경이나 불경이나 다 마음의 문제를 해결하는 경전이라 하면서, 세상사 모든 것이 내 마음먹기에 달려 있다는 '일체유심조一切唯心造'에 대한 설명을 이어간다. 또한 마음과 몸은 하나이고, 마음이 있어야 말이 나오고 말이 나와서 행동을 일으킨다고 한다. 나는 스님의 언변과 맑은 눈에 매료되어 스님의 이야기보다는 '왜, 스님이 되었을까?'라는 호기심과 신비감 속에 그의 빛나는 눈과 백옥의 표정만 바라봤다.

버스를 타고 법주사 뒷마당까지 갈 수 있는 특권을 누렸다. 봉축법요식 축하

행사에 오케스트라 단원으로 색소폰 연주를 하러 왔기에 누리는 호사다. 산사 부처님까지 오케스트라 공연을 즐기는 세상이 반갑다. 경건한 노승의 독경 소리 가득한 대웅전 앞에서 관불식이 행해지고 있다. 수많은 신도가 길게 줄지어서 차례를 기다린다. 스님은 예를 갖춘 자세로 조롱박을 든다. 소박한 항아리 속 물을 떠서 아기 부처님 머리 위에 붓는다. 관불식을 마친 신도들에게는 염주를 하나씩 나누어 준다. 천주교 신자인 나는 대웅전 측면 돌계단에 비스듬히 걸터앉아 익숙하지 않은 이 행사를 신기한 듯 바라보았다. 성탄절 아기 예수 탄생 축하 미사와 아주 흡사해 동질성의 정이 간다.

대웅전 안을 들여다보니 한 여인이 부처님에게 깊은 절을 하며 엎드린다. 그 옆에는 노란 풍선을 손에 든 자그마한 소년이 절하고 있는 엄마 옷을 잡아끌며 투정질이다. 불현듯 어머니와 함께했던 어린 시절 모습이 눈에 스친다.

엄마 손 잡고 절에 가는 소년. 매서운 바람에 얼굴 시리고, 소소히 내리던 눈은 어느덧 발을 덮는다. 흰 고무신 속의 발은 더는 숨을 곳도 피할 곳도 없다. 산 능선을 뛰어 내려오며 반기던

동자승의 벌건 얼굴이 보이고, 노스님 품에 안긴 소년이 보인다. 나는 왜 절에 가는지, 왜 절을 가야 하는지도 몰랐다. 그저 쌀 한 말을 머리에 이고 힘겹게 걷는 어머니의 그늘진 얼굴과 내가 들고 간 양초 한 갑만 생각난다.

소슬비처럼 서늘함이 가슴을 치고 두 눈에는 눈물방울이 맺힌다. 고개를 들어 하늘을 본다. 어머니는 사주 상 내 명이 짧다고 노심초사하며 명줄을 잇기 위해 온갖 치성을 드렸다.

불심 깊었던 어머니가 돌아가신 지 사십 년 세월이 지났다. 결혼 후 아내를 따라 천주교에 입교한 나는 그동안 본향을 잊고 매일 마주하는 현실을 살았다. 성경을 공부하고 예수의 길을 찾을수록 나에게서 어머니는 멀어져 갔다. 현실에 갇혀 나는 어머니의 깊은 마음을 잊고 지냈으나 어머니는 여전히 내 안에 존재하고 있었다. 바람에 흔들리는 연등이 외로워 보인다. 용기를 내어 관불식에 동참한다. 줄지어 대기하고 있는 신자들의 맨 끝에 서서 따가운 햇볕을 감내했다. 내 안의 어머니와 함께 달항아리에 담긴 물을 아기 부처님 머리에 조심스레 부으며, 어머니의 극락왕생을 빌었다. 사람은 살아가면서 겪은 수많은 번민과

비탄을 기억 속에서 잊어버리는 '망각'이 있기에 살아갈 수 있다. 그동안의 내 삶은 망각일까, 견딤일까?

스님으로부터 염주를 하나 받았다. 어머니를 만난 듯 소중하다. 오른 손목에 염주를 차고 한나절을 보냈다. 집에 오니 아내가 내 손목의 염주를 무심히 쳐다본다. 망설임 없이 "웬일로 묵주를 다 끼었어요, 어디서 났어요."라고 묻는다. 이거,

"묵주가 아니고, 염주여!"

염주와 묵주는 탄생할 때부터 공통점을 가지고 있다. 이름은 서로 다르지만 기도하기 위한 도구라는 점과 모양, 형태, 재질이 거의 같다. 만드는 재료도 크리스털, 보리수 열매, 대추나무, 향나무 등으로 유사하다. 불교 신자들이 사용하는 것은 염주 또는 단주라 하고, 천주교 신자들이 사용하는 것은 묵주라 한다. 형태와 이름이 다를 뿐 한 공장에서 염주와 묵주를 만들어 성당과 절에 공급한다는 사실이 흥미롭다. 모든 본질은 같다. 다만 그 목적지를 향해 가는 길이 서로 다를 뿐이다. 일체유심조一切唯心造의 그 스님이 여전히 궁금하다.

제3부

사랑하자
그리움을

감사하자
아픔도

사랑도
아픔도

눈에 담는다.

사랑에 취한 그대에게

 강의 시간을 기다리기 위해서 등나무 그늘 벤치에 앉았다. 재킷을 벗고 빠르게 가방을 열어 책을 꺼내 들었다. 보랏빛 등나무꽃이 옛날 주막에 내 걸린 등 모양처럼 은은한 바람에 살랑거린다. 두런두런 건너편 벤치에 앉은 할머니 학생들이 대화를 나눈다. 할머니들의 이야기가 자연스럽게 내 귓속을 파고든다.

 "올해 몇이시오."

 "살 만큼 살았어요. 곧 죽으면 그만인디, 조금씩 서글퍼져요.

영감은 벌써 저세상 사람이 됐고, 이제 나도 갈 준비하려고요. 있는 거 자식들에게 다 나눠 주려고 해요."

"아녀요, 지금 다 주면 안 돼요. 맛있는 거 사 먹고, 하고 싶은 거 다 하고 나서 남으면 죽기 직전에 그때 줘요. 지금은 세금도 많이 나와요."

"우리 막내며느리는 손자를 두고 집을 나갔어. 고것이 젤 이쁜데 …. 손자가 불쌍해서, 손자 앞으로 집을 해주었어요. 그랬더니 상속세가 많이 나왔어요."

자랑과 한탄, 하소연, 푸념들이 뒤섞여 등나무를 휘감는다. 살아있는 동안 좋든 싫든 이곳에 앉은 사람들의 사연을 들어 주어야 하는 등나무의 처지가, 고해소에 들어 앉은 신부님과 같다는 생각이 든다. 꼬이고 꼬인 사연들이 반응을 일으켜서 등나무는 굵은 엿 타래처럼 몸이 뒤틀어지면서 자라는 것인가보다.

등나무꽃의 꽃말은 '사랑에 취하다.'로 신라 시대에 한 남자를 짝사랑했던 자매의 이야기에서 비롯된다. 자매는 옆집 청년을 사모하고 있었다. 그러던 어느 날 청년이 전쟁터에 나가게 되었고, 그때서야 자매는 그 청년을 함께 사랑하고 있었음을 알게 된다. 그 후 청년이 전사했다는 소식을 들었고, 자매는 슬피 울다 연못에 몸을 던졌다. 이후 연못가에는 두 그루의 등나무가 자라났다. 그런데 전사했다던 청년이 살아서 돌아왔다. 자신 때문에 자매가 죽었다는 이야기를 듣자 청년도 연못에 몸을 던졌고, 그 자리에 팽나무가 자랐다. 등나무가 팽나무를 칭칭 감고 살아가자 살아서 이루지 못한 사랑을 죽어서 이룬 것이라는 이야기가 전해온다.

노쇠하여 작고 흔들리는 할머니들이지만 저마다 무거운 사연들을 하나씩 지고 있다. 무엇이 부모와 자식 사이에 갈등을 유발하게 하는 걸까. 얼마 되지 않는 재산을 자식에게 넘겨주는 것도 이해관계를 따져봐야 하는 세상이다. 이생을 다할 때까지 부모와 자식은 서로의 몸을 생명줄로 연결한 채 살아간다. 사람이 태중에 있을 때는, 두 개의 동맥과 한 개의 정맥으로 이루어진 탯줄을 통해서, 영양을 공급받으며 생명을 유지한다. 그러다가 세상 밖으로 나오면 어머니와 연결된 탯줄을 끊어낸다. 하지만 우린 여전히 서로에게서 떨어질 수 없는 탯줄로 연결되어 있다.

자식은 먹고살기에 바쁘고, 부모는 자식 뒷바라지하기 바쁘다. 자식은 자식 대로 부모는 부모 대로 바쁘게 사는 게 현실이다. 풍파를 겪는 자식은 비에 젖은 바지처럼 부모의 다리를 착착 휘감는다. 세월이 흐를수록 부모의 큰 자리는 조금씩 밀려난다. 이 모든 것을 알면서도 부모는 자식 사랑에 취해서, 부모가 당연히 해야 할 일로 생각하며 그 길을 걸어간다. 돌이켜보니 나도 한발 한발 그 길을 걸어가는 중이다. 비에 젖은 축축한 옷을 입은 것처럼 마음이 무거워진다. 현상은 잘 알겠는데 도무지 답이 나오지 않는다. 세월이 가도 자식 사랑은 어쩔 수 없는가 보다. 태종 이방원의 '하여가' 구절이 생각의 벽을 두드린다.

이런들 어떠하리 저런들 어떠하리/ 만수산 드렁칡이 얽혀진들 어떠하리/ 우리도 이같이 얽혀져 백 년까지 누리리라.

— 이방원,「하여가」

시조의 원 뜻을 걷어내고 보니 오만가지 생각은 버리고, 그냥 단순하고 편안한 삶을 살라는 의미로 읽는다. 나이가 들면서 몸의 기능은 점점 쇠약해지고, 자식에게 의지하고픈 마음은 초라함을 더한다. 서운한 감정 또한 긴 듯 아닌 듯 녹아내리기를 반복한다. 해거름이 되면 불쑥 자식들이 보고프다. 이제는 무엇을 갖추려고 할 게 아니라, 현재의 내 모습을 긍정이든 부정이든 그대로 전하고 받아들여야 한다. 그리고 내가 가는 길에 고운 레드카펫을 깔아보자. 온전히 나를 바라볼 시간이 얼마나 남았을까를 생각한다. 이제는 놓아버리고, 떠나보내자. 저 하늘의 구름은 물이 놓아버렸기에 생긴 것이다.

그래도, 사랑하자

나는 내 모습을 알지 못한다. 아니, 정확히 말하면 알고 싶지 않다. 서울에 출장을 갔다가 생각지도 못했던 깨달음을 얻었다. 용산역에서 내려 지하철 1호선에 몸을 실었다. 출퇴근 시간이 아니어서 그런지 생각보다 한산하다. 탁한 공기 속에 회색의 삼각형 손잡이는 허공에 매달려 일정한 방향으로 흔들거린다. 사람들의 모습도 가지각색이다. 대부분이 머리를 휴대전화기에 고정하고 게임을 하거나 뭔가를 쳐다보고 있다. 진한 화장품 냄새가 강하게 코를 자극한다. 어질하다. 고개를 슬며시 좌우로 돌려보니 바로 건너편 자리에 앉아 있는 할머니에게서 난다. 여느 노인과 다르게 머리와 옷에 맵시를 내어 눈길을 끈다. 모양을 낸 목걸이에 링 모양의 귀걸이, 브로치 등의 액세서리를 사용하여 한껏 멋을 냈다. 다소 화장이 짙다는 생각이 든다. 주름을 감추려 했는지, 좀 더 젊게 보이고 싶어서 그리했는지는 모를 일이다. 하지만 목덜미의 주름은 화장으로도 어찌할 수가 없었나 보다. 목적지까지 가는 내내 아무런 생각 없이 그녀의 얼굴과 모습을 힐끔힐끔 바라보면서 나이를 추정해 본다. 참 실없다는 생각이 든다. 나이가 들수록 자신의 본 모습을 감추려 드는 것이 사람의 본성인 것을······.

'나이가 들면 자연스럽게 알게 될 날이 있겠지.' 나도 웃음가마리가 될 수도 있을지 모를 일이다. 돌연 공기의 흐름이 깨지면서 아줌마 군단이 눈 앞에 펼쳐진다. 교회 선교를 위해 나선 사람들이 명함 크기의 교회 홍보 카드를 하나씩 나누어준다. 앞면에는 교회 홍보 문구, 뒷면에는 지하철 노선이 그려져 있다. 지하철 노선 글씨가 너무 작아서 잘 보이질 않는다. 눈이 침침한가 싶어 눈을 비비고 다시 보아도 마찬가지다. 안경 렌즈를 닦고 보면 더 잘 보일까 싶어서 잠시 안경을 벗었다. 안경을 벗은 상태에서 무심코 손에든 카드를 내려다보니 그렇게 작은 글씨가 갑자기 선명하게 잘 보인다. '어, 이거…?' 당황스러움이 몰려온다. 나도 모르게 노안이 같이 놀자고 찾아온 것이다. 잠깐 사이에 몸이 주저앉는듯한 충격을 받는다. 이 사실을 나는 도저히 인정하고 싶지 않았다.

휴일,
늦은 아침을 간단히 먹고 운동도 할 겸해서 청바지에 자주색 티를 입고 집을 나섰다. 엘리베이터가 멈추며 문이 열렸다. 어린 사내아이 둘이서 엄마 손을 잡고 뻥뻥 대고 있다. 문을 들어서는 나를 보더니 아이 엄마가 인사를 시킨다.

"애들아, 할아버지한테 인사해야지."

아이들이 바로 배꼽 인사를 한다. 나는 엉겁결에 고개를 둘러보았다. 아하, 나를 두고 하는 말이다. 내가 벌써 할아버지 모습으로 비치다니…. 세월 흐름만 알았지 함께 나이 먹은 나를 보지 못하고, 남에게 어떻게 보이는지를 느끼지 못하며 살아왔다. 내 눈은 다른 사람들의 모습은 잘 보면서도 정작 흘러가는 내 모습은 보지 못했다.

"할아버지, 안녕하세요?"

생소한 인사말에 갑자기 코끝이 찡하다. 내가 소화 시키기 어려운 말이다. 그러고 보니 그동안 나도 젊게 보이려고 염색하고 의상에도 신경 쓰고 한 것이 아닌가. 그렇게 의도 없이 불어온 바람에 나는 온종일 흔들렸다. 이미 지나버린 시간이지만 되짚어 생각에 잠긴다. '남의 눈에 티끌은 보면서 제 눈의 대들보는 왜 보지 못하는가.' 누구나 아는 성서 한 구절이 나를 부끄럽게 한다. 이제 눈으로만 보지 말고 마음으로 보자. 중국이나 유럽에 가면 공항에 내리자마자 그 나라 특유의 냄새가 풍겨온다. 하지만 시간이 조금 지나면 그 냄새를 느끼지 못한다. 바로 코가 그 냄새에 동화되거나 익숙해져서 냄새가 없는 것으로 착각을 하는 것이다. 지금껏 나는 이런 연결된 시간의 착각 속에 빠져 서서히 움직이는 시간의 변화를 느끼지 못하며 살았다. 이제 눈에 보이는 선입견이나 편견에서 벗어나 열린 마음의 눈을 열어야겠다. 나를 인정하고 순응하며, 나이 들어가는 나를 더 사랑하며 살아야겠다.

사랑의 거리

"자기, 나 이뻐!"
"자기, 나 사랑해!"
"얼마큼 사랑해?"

오늘도 아내는 자기의 존재를 빠르게 확인한다. 매일 묻고 또 묻고 정답을 기다린다. 참으로 알 수 없는 일이다. 사랑받는다는 자기 존재를 통해서 살아있는 의미를 갖는 것인가? 나의 마음과 생각이 자기에게 보이지 않으니 사랑의 크기를 느낄 수 없음은 당연하다. 내가 아내를 사랑한다는 것은, 순간순간을 함께 살아온 경험과 체험이 내 몸에 체화되어 마음으로 전달된다. 따라서 내가 아내를 사랑하는 것은 확실한 사실이다. 그래도 아내는 직접 물어보고 내 입을 통해서 그 말을 굳이 들으려 한다. 사랑한다는 말을 어떻게 증명하고 그 크기를 보여 줄 수 있는가. 집에서 쓰는 주전자가 절에 가면 차관이 되듯이, 당신의 마음이 내게 오면 무한한 사랑이 된다. 같은 그릇이라도 어디에 있느냐에 따라 그 쓰임과 위상이 달라지듯이 말이다. 사랑은 따로 떨어져 존재하는 것이 아니다. 누구와 함께 있는가에 따라서 사랑의 맛이 달라진다.

> 즐겁고 아름다운 일은 양이 많을수록 좋은 것입니다.
> 그런데 당신의 사랑은 양이 적을수록 좋은가 봐요.
> 당신의 사랑은 당신과 나와 두 사람의 사이에 있는 것입니다.
> 사랑의 양을 알려면 당신과 나의 거리를 측량할 수밖에 없습니다.
> 그래서 당신과 나의 거리가 멀면 사랑의 양이 많고 거리가 가까우면 사랑의 양이 적을 것입니다.
> (중략)
> — 한용운, 「사랑의 측량」

한용운 선생님은 사랑의 양을 「사랑의 측량」이란 시로 표현을 했다. 양이 적은 사랑은 나를 웃기고, 양이 많은 사랑은 나를 울린다고 했다. 저 들판에 자라는 풀과 나무도 모두 스스로 자기의식 속에 자란다. 제각기 자기 본래의 다양한 모습을 나타낸다. 자기만을 사랑하라고 선함을, 은혜를 베풀지 않는다. 그냥 자유롭고 어떠한 요구도 없다. 사랑은 현재의 공간에서 내가 느끼는 의식으로 인지된다. 사랑의 크기를 언제 확실하게 알게 될까? 나이 들수록 부부밖에 없다는 말들을 한다. 이것을 보면 내가 살아온 인생의 이유와 사랑의 크기는 인생이 끝나는 꼭짓점에 이르러서야 확실히 알게 될 것 같다.

　무더웠던 여름도 이별을 고하고, 선선한 아침의 공기가 상쾌함을 던져준다. 아침마다 나를 배웅하는 아내와의 스킨십은 종일토록 기분을 좋게 한다. 현관에 서서 한마디 날리는 아내의 멘트와 애교는 화려함도 소박함도 아닌 것이 묘한 생동감을 준다. 퇴근 후 집에 돌아와 아내와 저녁 식사를 한다. 오늘 하루 동안 생긴 이런저런 일들을 실제 상황처럼 묘사하며 소곤닥거리는 아내의 귀염이 또 다른 즐거움을 준다. 수다가 있기에 우린 건강한 삶을 산다. 사랑은 서로를 향한 무한 신뢰와 믿음이다. 이러한 신뢰와 믿음은 색소폰에서 가장 중요한 리드와 마우스피스의 역할과 같다. 색소폰을 불 때 갈대로 만든 얇은 리드가 플라스틱으로 만든 마우스피스 위에 살포시 얹혀 서로 융화가 이루어질 때 좋은 소리가 난다. 리드와 마우스피스의 조합이 맞지 않은 상태에서 불면 음이 이탈하여 '삑사리'가 난다. 적당히 힘을 빼고 부드러우면서도 강하게 불면 아름다운 소리가 멀리까지 이어간다. 이것이 내가 생각하는 사랑의 크기이다.

깜냥껏

　조폐공사에서 삼십오 년을 근무하고 정년퇴직을 맞이하게 되었다. 전문성을 키우며 청춘을 보낸 곳으로 내 인생에서 가장 많은 시간을 투자한 시공간이다. 보람도 있었고 보상도 있어서 나름의 의미와 가치를 지니고 있다. 퇴직하기 전에 각 본부를 순회하면서 인사를 나눴다.

"아니 벌써요. 고생 많으셨어요. 건강하세요."
"나가시면 뭐 하실 건가요?"

직원들은 내가 퇴직 후 무엇을 하고 지낼 것인가에 대한 궁금증이 크다. 묻는 당사자도 퇴직 후의 진로가 걱정되어서 하는 말이 아닐까? 미루어 짐작해본다. 퇴직 후 또 다른 직장을 찾아 일할 것인지, 아니면 은퇴의 여유로운 삶을 즐길 것인지는 나름의 사정과 이유에 따라 결정할 일이다. 일반적으로 직업을 갖고 일을 하는 것은 언제나 신성하고 즐거워야 한다고들 한다. 하지만 직장인 대부분은 직장에서의 자아실현보다는 생계유지에 더 중점을 둔다. 나 역시 마찬가지이다. 이제는 이런 틀과 시간의 지배에서 벗어나고 싶다. 회사 근무 시 출장을 가거나 점심시간에 사무실 밖으로 나오기만 해도 그냥 좋았던 기억이 있다. 이제는 속없는 인간관계 속에서의 고단함과 이별하고 게으름뱅이처럼 삔들삔들한 한산꾼으로 살고 싶다. 정해진 틀과 시간에서 벗어난 온전한 나만의 자유를 위해 말이다.

신이 인간에게서 이해가 안 되는 것이 네 가지 있다고 한다. 첫째는 어린 시절이 지루하다고 빨리 어른이 되려는 것이다. 두 번째는 어른이 되어서는 다시 어린 시절로 돌아가고 싶어 하는 것이다. 세 번째는 악착같이 돈을 벌기 위해 건강을 해치는 것이고, 그러고 나서는 잃은 건강을 되찾기 위해 번 돈을 다 써 버리는 것이다. 네 번째는 본인은 죽지 않고 영원히 살 것처럼 생각 없이 살다가 무의미하게 생을 마감하는 것이다. 쉽게 지나칠 수 있는 이야기지만 시사하는 바가 있다. 나이가 들수록 건강의 중요성과 어떤 취미 생활을 하면서 어떻게 시간을 보내야 할 것인가를 생각해야 한다.

다소 생뚱맞을 수 있지만, 사람은 자기가 처한 현실에 따라 사고가 변한다. 저마다의 정체성과 존재가치가 환경적 변화에 따라 변하기 때문이다. 내가 하는 일을 어떻게 생각하느냐에 따라 숭고해지거나 비천해질 수 있다. 우리는 자신도 모르게 '나이'라는 틀에 갇혀 산다. 92세에 시인으로 등단해서 150만 부가 넘는 베스터셀러를 기록한 일본인 시바타 도요라는 시인이 있다. 그는 아흔이 넘어서 시를 쓰기 시작하면서 하루하루가 보람이었다고 했다. 나도 꿈을 꾼다. 물론 착각일 수 있지만, 그 착각 덕분에 행복과 희망을 찾을 수도 있다.

우린 나만의 독특한 그릇을 지니고 있다. 그 그릇의 크기와 용도에 맞게 취미와 건강과 시간을 깜냥껏 담아내야 한다. 나이가 들수록 모든 능력과 속도감이 떨어진다. 중요한 것은 속도와 재능이 아니고 정확한 방향 설정과 포기하지 않는 집념이다. 성취를 가로막는 것은 '나이'라는 장벽이 아니라 내 마음가짐이다. 시간은 언제나 존재한다. 모든 것이 끝날 때까지 끝난 것이 아니고, 새로움에 도전하는 것 자체가 나이 듦의 즐거움이다. 내가 어떻게 변화되어 갈 것인지에 대한 궁금증이 내가 살아가는 재미다. 퇴직 후 인생 나눔 멘토로 중학교 아이들을 만나 같은 생각을 나눈다. 노인복지센터 어르신들과는 지난 삶을 나누며 앞으로의 삶을 그려본다, 농촌 어르신들에게 글쓰기 봉사를 하며 나를 지켜낸다. 나비는 꽃을 만나 생명을 유지하고 꽃은 나비를 만나 종족을 번식한다. 바람이 나뭇잎을 만나 소리를 만들듯이, 나도 그들을 만나 야옹野翁의 생명력을 유지하며 나만의 그릇과 소리를 만들어 간다.

나는 직장이 없습니다

똥 싸 배기,
나는 직장이 없다. 누군가에게는 똥이 오물이지만 내게는 보물처럼 소중하다. 의례적인 위로의 말을 누군가는 마땅한 자기 도리의 행위로 여기지만, 나는 사라지는 연기가 아닌 소중한 처방전으로 기억을 한다.

일요일,
병문안을 온 사람들은 좀 어떠냐는 위로의 말과 함께 등과 어깨, 팔, 손 등을 만져보며 나의 안색을 이리저리 살핀다. 그리고는 가족을 생각해서 희망을 버리지 말고 치료에 전념하라며 위로의 말을 전한다. 나는 고마운 마음을 담아 감사의 인사를 한다. 돌아가는 그들을 아내와 아이들이 배웅한다. 현관문 밖. 수군대는 소리가 들린다.

"직장암이라지."
"젊은 나이에 안 됐어?"
"글쎄, 전에보다 더 말랐네. 어렵겠지."
"얼마 못 살 것 같아, 내가 만져보니 완전 뼈만 남았어."

아내는 내가 들을까 봐 안절부절못한다. 그런 아내가 안쓰럽다. 아이들은 저빗저빗 주저하다가 말없이 자기들 방으로 들어간다. 우리 가족은 그렇게 긴 하루를 보냈다. 늦은 밤, 울음소리에 잠이 깼다. 맥주 한 잔 못하는 아내가 식탁에 앉아 소주를 마시고 있다. 안방으로 스며드는 불빛 사이로 아내의 뒷모습이 태풍이 몰려오기 전의 적막함으로 다가온다. 나는 기척도 못 내고 침대에 누워 거실의 동정을 살핀다. 화장실에서 아내의 흐느끼는 울음소리가 난다. 상념에 잠긴다. '나는 얼마나 더 살 수 있을까. 마지막에 다다랐을 땐 어떻게 할까?'

이른 아침,
현관에 서서 학교 가는 자식들에게 눈 배웅을 한다. 딸아이는 눈치가 빨라서 항상 내 마음을 먼저 읽는다. 나에게 웃음을 선사하며 하이 파이브를 한다.

"아빠, 파이팅!"
"힘내, 알았지."

한 번 더 하이 파이브를 한다. 아들은 멋쩍은 표정과 함께 고개를 숙이면서 손을 내민다.

"아빠, 이거."

편지다. 수능이 얼마 남지 않은 중요한 시기인데, 미안한 마음이 앞선다. 아들이 준 편지를 열어본다. 또박또박 적은 작은 글씨가 눈에 들어온다. 필체까지 나를 닮았다는 생각이 들자 마음이 불안하다.

아버지, 현대 시 해설서에 나온 김광섭 시인의 「생生의 감각感

覺」을 공부하다가 문득 아버지 생각이 났습니다. 이 시는 참담한 투병 생활의 체험을 바탕으로 생에 대한 의지와 감각을 노래하고 있으며, 새롭게 되찾게 된 생명 소생의 의미가 잘 형상화되었다고 합니다.

여명黎明의 종이 울린다./새벽 별이 반짝이고 사람들이 같이 산다./닭이 운다./ 개가 짖는다./ 오는 사람이 있고 가는 사람이 있다./ (중략) /하늘이 무너졌다./ 깨진 하늘이 아물 때에도/ 생의 감각을 흔들어 주었다.
― 김광섭,「생生의 감각感覺」

아버지, 하나하나 시를 읽어 나가면서 고생하고 계신 아버지를 생각하니 가슴속에 눈물이 고이더군요. 아버지, 힘내세요! 이제 수능이 70일 정도 남았네요. 70일 뒤에 아버지께 가장 뛰어난 만병통치약을 안겨드릴 수 있도록 하겠습니다. 하루속히 털고 일어서세요.

생사의 갈림길에 선 사람은 진심 어린 한마디 말과 글을 통해 새 생명을 얻는다. 일상적인 말 한마디가, 누군가에는 상처가 되기도 위로가 되기도 한다. 세월이 지나면서 내 마음의 처방전을 만들었다. 그때의 내 처지가 오죽하였으면 그런 생각들을 하였을까? 모두가 내 탓이다. 위로는 내게 부족함과 잘못이 있었기에 받은 것이다. 이런저런 흔적 탓하지 말고 이해를 하자. 그리고 범사에 감사하자. 똥 싸 배기면 어떤가? 이렇게라도 배설을 할 수 있었기에 나는 사는 것이다. 나에게 직장이 없어 매일매일 힘듦을 감내하는 항문과 아내에게 감사한다. 힘든 삶이었지만, 아내의 헌신과 딸아이의 희망, 아들의 편지는 내 삶을 다시 세웠다. 가족을 통해 새롭게 얻은 감사의 시간이다.

샛길과 새길

칼로 베는 듯한 통증을 친구 삼아 식장산을 오른다. 항암효과가 있다는 선학초를 찾아가는 길이다. 잔잔한 호숫가에 비친 산 그림자를 본다. 지난날 친구들과 이곳을 오르내렸던 내 모습을 뒤로하고 풀거북꼬리 군락지를 지나 계곡 사이로 들어선다. 맑은 물소리가 고즈넉한 바위와 조화를 이루며 운치를 더한다. 바위 곁에 서 있는 때죽나무에 종 모양의 하얀 꽃들이 무리를 지어 매달려 있다. 언제 떨어졌는지 수많은 흰 꽃 무리가 길을 덮었다. 그 예쁜 꽃들을 밟고 지나가야 하는 걸음걸이가 미안하다. 한참을 올라가 이곳저곳을 아무리 살펴보아도 선학초는 보이질 않는다. 때죽나무에게 물어보아도 돌아오는 말이 없다. 기운이 떨어져 계곡 옆 큰 바위 곁에 앉아 휴식을 취한다.

장미과에 속하는 일명 짚신나물이라 불리는 선학초는 항암과 진통 효능이 탁월하여 암 환자에게 효과가 있다고 한다. 집에 병문안을 온 직장 선배가 한의사의 이야기라며 그 효능을 들려주었다. 견본용으로 가져온 선학초 한 뿌리를 소중히 품에 안고 찾아 나선 길이다. 정상의 독수리 봉까지 가는 길에 선학초는 그림자도 찾지 못했다. 공연히 '바람 먹고 구름 똥 싸는 일'은 아닌가 하는 우려와 함께 구슬픈 생각이 든다. 허리를 펴고 오던 길을 되돌아 내려간다.

혹시나 하는 마음으로 이쪽저쪽 눈을 굴리며 내려가다가 붉은가시딸기 무리를 만났다. 어린 동심이 발동하여 그곳에 정신을 팔다가 그만 인적없는 샛길로 빠졌다. 아무 생각도 나지 않고 갑자기 무인도에 뚝 떨어진 느낌이 든다. 조바심을 억제하고 길을 찾아가는데 비탈진 길 양쪽 두둑한 고랑 사이로 삐죽이 솟은 꽃대가 보인다. 쪼르륵 매달린 노란 꽃송이가 눈에 혹 들어온다. 선학초다. 톱니 모양의 잎과 부드러운 흰색 털이 나 있는 것이 틀림없는 선학초다. 몸에 소름이 돋고, 산삼이라도 만난 것처럼 기쁘고 흥분이 되었다. 이것을 먹으면 금방이라도 병이 다 나을 것 같은 기분이 들었다.

성경에서 예수는 길을 묻는 도마에게 "나는 길이요 진리요 생명이다."라고 하였다. 하느님을 보여 달라는 필립에게는 "내가 이토록 오랫동안 너희와 같이 지냈는데도 너는 나를 모른다는 말이냐?" 그동안 이해하기 어려웠던 말들이 뻥 뚫리고 하늘을 날듯이 가슴이 시원하다. 사람도 하나의 길이고 자연에 생존하는 모든 존재물도 하나의 길이다. 모든 공간이 길이고, 길은 찾기 위해 존재하는 것이 아니라 존재하기에 찾아지는 것이다. 모든 것이 나와 함께 존재하는데 내가 알지 못하고 깨닫지 못한 것이다. 처음부터 인생길에 안내판이 있으면 가고자 하는 길을 아주 쉽게 찾을 수 있을 텐데, 신은 왜 이정표를 만들지 않았는지 궁금하다. 예수도 길을 묻는 자에게 나와 같이 가자고 했지 어느 길로 어떻게 가라는 방향 제시는 하지 않았다. 인생길에는 정형화된 정답은 없고, 자기만의 퍼즐을 만들어 가는 과정만이 있을 뿐이다. 누구에게나 길은 항상 놓여있지만 우리는 이 길을 쉽게 찾지 못한다. 어느 날 갑자기 찬란하게 아름다운 '샛길'이 나타나 '새길'이 될 수도 있다. 태어나서부터 생이 끝나는 날에 이르기까지의 우리 인생길에는 정답이 없고 길을 걷는 나만이 존재한다.

멍에

 본심과 위선의 두 마음으로 살아온 나, 채찍과 같은 회한이 보고픈 그리움을 몰고 온다.
 밤늦은 시간,
 TV드라마 '모래시계'에서 주인공 박태수가 사형을 당하기 직전에 친구 우석의 두 손을 꼭 잡는다.
 "우석아, 미안하다. 여기까지 오게 해서……. 나, 지금 떨고 있니?"
 돌연 눈물이 핑 돌면서 친구 얼굴이 떠올랐다. 고등학교 동창생인 그는 노래도 잘했고, 개그맨처럼 남을 웃기는 재주가 있어서 친구들에게 인기가 좋았다. 우린 뜻하지 않게 암이라는 병에 걸려 서로의 생을 염려하는 동병상련의 처지가 되었다.

지난 여름날, 친구가 할 얘기가 있다며 급히 병원으로 와 달라는 전화를 걸어왔다. 무슨 일인지 궁금했다. 서둘러 일을 마치고 병원을 찾았다. 병원 복도 끝에서 부부가 크게 다투고 있는 소리가 들린다. 시댁과 자녀, 경제적 문제로 말다툼을 벌인다. 친구는 발작적인 고함을 내지른다. 삶을 저항하듯 울부짖는 카랑카랑한 소리는 마치 성난 말이 날뛰는 모습이다. 아내 또한 자신의 처지가 서러운지 더욱 악을 쓰며 울부짖는다. 서로 정 떼려고 저러는가. 내 마음은 은연중 친구 편으로 다가간다. 울고 있는 친구 아내를 겨우 진정시켰다. 마음을 다독여 집으로 돌려보내는 것으로 사태를 수습했다.

친구와 나는 온종일 무더위에 지칠 대로 지친 느티나무 밑에 털썩 주저앉았다. 망연하지만 앞으로 닥칠 일들을 주고받으며 대화를 나눴다. 가장으로서 가족의 생계가 걱정된다. 치료를 받는다고 산다는 보장도 없다. 그렇다고 여기서 생을 포기할 수도 없다. 어떻게든 아내와 어린 자식들을 위해서 이를 극복해야 한다. 그래도 어찌할 수 없는 상황이 닥쳤을 땐 어떻게 해야 할까?

병원에서 암 환자로 지내다 보면 자연스럽게 가족들이 겪는 갈등을 경험한다. 암 환자는 생존의 가능성에서 서성이고, 가족은 더 살아주길 희망한다. 그러면서도 가능성이 없는 현실 앞에서 갈등과 반목을 한다. 가끔 병실 복도에서 가족들이 다툰다.

"오빠가 장남이고 아버지로부터 받은 것도 많고 살만하잖아, 오빠가 아버지를 모셔야지."

"그게 무슨 소리예요, 우리는 애가 고등학교 삼학년이잖아요. 대학 입시 준비하느라 정신이 없는데, 아가씨는 집도 서울이고 애들도 아직 어리니까 당연히 아가씨가 모셔야지요."

"새언니도 알다시피 우리는 맞벌이로 모실 수 있는 형편이 안 되잖아요. 애들도 어리고 당장 벌이해야 먹고 사는데 어떻게 모셔요."

언성을 높이면서 서로에게 떠넘기기 급급하다. 늙고 핏기없는 할아버지는 다른 사람 보기가 겸연스러운지 천장만 뚫어지게 쳐다본다. 병실 밖에서 다투는 소리를 못 들은 척한다. 눈가에 물기가 돈다. 슬며시 고개를 돌린다. 옆에서 병시중하던 할머니는 죄지은 사람처럼 남편 언저리를 서성거리며 어찌할 바를 모른다. 물끄러미 남편의 고단한 얼굴을 쳐다본다. 어깨가 들썩이며 주름진 손등으로 눈물을 연신 훔쳐낸다. 남편의 얼굴을 엉긴 두 손바닥으로 감싸면서 성깃성깃 서리 내린 머리카락을 어루만진다. 두 노인의 황혼이 애처롭게 묻어난다.

새봄이 왔다. 어쩌면 마지막이 될지도 모른다는 무거운 마음을 안고 친구를 찾아갔다. 친구는 병실 침대에 기대고 앉아서 나를 맞았다. 초췌한 모습이었지만 웃음을 선사하는 몸짓은 여전하다. 친구 아내가 슬며시 병실 밖 복도로 날 불러낸다. 병원에서 이제는 해줄 게 없으니 퇴원하라는데 저렇게 버티고 있다며 하소연을 한다. 앞으로 애들하고 살길이 막막한데 어찌해야 할지 걱정이라면서 말끝을 흐린다. 감성과 이성적 판단이 다툼을 벌인다. 오죽하였으면 친구인 나에게 이런 말을 꺼냈을까, 애처로움이 묻어난다. 생존 가능성이 없다는데, 가족이라도 덜 고생하며 살게 하는 것이 최선이지 않을까? 인류적 사고와 냉정함에 마음이 혼란스럽다. 친구도 자기 생이 끝나고 있음을 분명히 알고 있다. 우린 감내할 수 없는 일이 벌어졌을 때를 가정해 고통 없이 죽는 방법을 생각한 적이 있었다. 지난해 친구와 대화를 나눈 여름밤의 후덥지근함이 떠오른다. 드디어 우리가 우려를 했던 상황이 닥친 것이다.

병실 침대 위에 우린 마주하며 앉았다. 오후의 따뜻한 봄 햇살이 그의 눈을 반짝였다. 내가 무슨 말을 할지 이미 친구는 알고 있다. 친구와 나는 서로 마주하며 눈빛 대화를 나눴다.

"친구야, 가장이란 멍에 이제 벗자."
"우리 그동안 열심히 잘 살았잖아."

두 눈에 그렁그렁 눈물이 맺힌다. 곧 떨어질 듯 매달린 큰 눈물방울이 허망함을 담는다. 추락하는 공허한 추상들…, 텅 빈 가슴, 쏟아지는 눈물을 가눌 수가 없다. 한동안 침묵이 흐르고 우린 두 손을 꼭 잡았다. 봄날의 얇은 얼음장처럼 손이 바르르 떤다. 애타는 웃음으로 생의 마지막 인사를 건넸다.

"친구야, 나 괜찮아! 그동안 고마웠다. 조심해서 잘 내려가, 건강하게 잘 지내고……."
"그래, 너도 ……."

사는 것이 주어진 의무인가, 도리인가? 내 삶에 친구는 어떤 의미였는지. 지난 세월이 그립고 오늘은 친구가 무척 보고 싶다. 친구야! 미안하다.

그리워하자
친구야,
그리워하자
다시 만날 그날까지

바람 불어 따스한 날
붉은 동백꽃 떨어지고

흩날리는 민들레 꽃씨는
내 곁에 자리한다

은둔의 기억

영롱한 눈동자

떨리는 손

흔들리는 목소리

가슴을 저미며, 저미며

파고든다

그리워하자

친구야

다시 만날 그날까지.

　　　　　　　　　　－「그리움」

운수 좋은 개

운전 중에 횡단보도 앞에서 대기 신호를 기다린다. 노쇠한 개 한 마리가 어슬렁거리며 도로를 건너고 있다. 그때였다. 옆에서 쌩하고 신호를 무시한 승합차가 내 달린다. 도로를 건너던 놈은 혼비백산하며 뛰다가 간신히 도로 밖으로 달아난다. 바라보던 내가 다 진땀이 난다. 구사일생의 애처로움과 비틀거림의 모습이 내 머릿속을 채운다. 녀석은 어디로 갔을까? 그놈, 참 운수 좋은 날이다.

우리도 인생길을 가면서 이런 아찔한 순간을 닥치게 된다. 좋은 시절을 건강하게 보내던 중에…….

"항문에서 칠 센티미터 위에 악성종양이 있습니다."
"삼기 말쯤 됩니다."

담담한 의사의 말에 무릎이 후들후들 떨리면서 죽음에 대한 공포가 밀려왔다. 이러다 죽는 것인가. 수술 전에 항문은 살릴 수 있을 것이라는 담당 의사의 말에 희망을 품었다. 막상 개복해 보니 상황이 간단치 않아 직장과 대장 삼십 센티미터를 절제시키고 항문은 폐쇄했다. 오른쪽 배 밖으로 인공항문을 만들어 놓았다. 장루라 불리는 인공항문은 소장과 대장이 연결된 부위를 끊고 배에 구멍을 내어 소장 끝을 몸 밖으로 꺼내놓은 것이다. 몸 밖으로 나온 소장은 진한 붉은색으로 촉촉하고 예쁜 형태를 띠고 있다. 소장은 신경이 없어서 만져도 감각이 없고 아프지 않으나 통제가 되지 않는다. 따라서 배변주머니를 교체할 때 조심하지 않으면, 묽은 변이 분수처럼 솟구쳐 올라 보호자 얼굴이며, 옷이며 침대 주변이 변 세례를 받는다. 진단 초기에는 '어떻게든 수술이라도 받았으면 좋겠다.'라는 마음이 '살아도 못살 것 같다.'라는 마음으로 바뀐다. 종일 비가 내린다. 이 빗속

에 버려지는 쓰레기처럼 나 자신을 버리고 싶다.

건강은 음식을 입에 넣는 순간에 이미 결정이 된다. 인공항문 주머니에 담긴 배설물의 색깔과 냄새를 가지고 내가 먹은 음식에 대해 좋고 나쁨을 판단할 수 있었다. 좋은 음식을 먹고 배설을 잘하는 것이야말로 건강하게 잘 사는 기본이다. 칠 개월 후 항문 복원 수술을 받았다. 통증과 고통이 절정을 달했다. 오히려 인공항문을 찬 상태가 살기 편했다. 배변 저장기능을 하는 직장이 없다 보니 십분 간격으로 화장실을 들락거려야 한다. 배설 속도는 나의 움직임보다 빠르다. 하루에 수십 번 화장실을 가는데 야속하게도 변은 화장실에 도착하기도 전에 다 쏟아진다. 정신이 하나도 없고 음식물 섭취가 두렵다. 머리는 등불을 켜고 입은 한숨을 쉬며, 아랫배는 요동을 치면서 육신을 붙잡고 시비를 붙는다. 육신이 편해야 영혼도 편하다. 성인용 기저귀를 차고 있는 내 모습에서 인간의 존엄성은 찾아볼 수 없다. 이대로 죽어야 하는가.

정말로 인간의 존엄성 밑에 깔린, 똥 때문에 싸우다 죽은 사람이 있다. 바로 스탈린의 아들 이아코프다. 제2차 세계 대전 중에 전쟁 포로가 된 그는, 영국군 장교와 같은 감옥에 수용되었다. 영국군 포로들은 이아코프가 화장실을 더럽게 쓴다고 비난을 하며 모욕을 했다. 참을 수 없는 모욕을 당한 스탈린의 아들은 하늘에 저주를 퍼부으며, 고압이 흐르는 수용소 철조망으로 뛰어들었고, 그는 철조망에 매달려 결국 숨을 거두었다.

똥의 본질은 내가 살기 위해 먹은 음식물 등 내 몸 안의 존재물이 죽어서 나온 것이다. 이 존재물이 시각과 후각에 의해 내 몸에서 나오자마자 나와는 전혀 관계없는 존재물로 천대를 받는다. 먹는다는 것은 내 몸이 살아가는 데 있어 가장 소중한 것이고 먹은 것을 배출하는 것은 생존에 꼭 필요한 것이다. 이것은 좋고 저것은 나쁘다는 이분법적 판단 기준이 인간의 존엄을 만든다. 모든 것을 묻지도 따지지도 않는 조건 없는 단순 사랑만이 인간의 존엄 가치를 벗긴다.

  수술 후 이십여 년의 세월이 흘렀지만, 그전과 그리 달라진 것이 없다. 여전히 똥은 내 몸에서 분리된 변화 물이다. 법정 스님은 "근원적으로 죽음이란 존재하지 않는다. 다만 변화하는 세계가 있을 뿐이다." 또한, "삶은 소유물이 아니라 순간순간의 있음이다. 영원한 것이 어디 있는가. 모두가 한때일 뿐이다. 그러나 그 한때를 최선을 다해 최대한으로 살 수 있어야 한다. 삶은 놀라운 신비요. 아름다움이다."라고 했다. 나는 내 신체에 대한 놀라운 신비를 깨닫고 나에 대한 존중으로 최선을 다해 살아간다. 아름다운 사람과 똥이 연결되지 않는 이 세상에서 이렇게 살다가면 그만이다. 그래도 더 의미 있는 삶을 살기 위해 나는 똥을 감내하며 산다. 자기 모습대로 인간을 창조했다는 하느님도 똥을 쌀까? 가면을 뒤집어쓴 인생에서 사고를 당했지만, 그래도 용케 피해 달아난 운수 좋은 개일지도 모른다. 나는······.

이태리타월 두 장의 의미는

 사람은 가끔 그리움도 먹고 사는 것인가보다. 지인들의 장례식장을 갈 때마다 현실에 존재하지 않는 사람이 마음을 흔들고, 그리움이 그리운 기억을 토해낸다. 어린 시절 오밀조밀한 뗏집 골목길을 누비며 함께 놀던 친구가 있었다, 그는 청년이 되자 언변이 좋고 눈치가 빠른 친구로 다가왔다. 친구들을 만나면 허황한 말과 너스레로 싱거움을 주었다. 한 세월이 지나도록 서로 만나지 못하고 지내다가 오십의 나이가 넘어서야 간간이 연락을 주고받았다. 젊은 시절의 호기롭고 팽팽한 기운은 온데간데없다. 거뭇거뭇해진 얼굴과 푹 꺼진 눈, 옴팡지게 들어간 양 볼

에서 건강이 좋지 않음을 알 수 있다. 특이한 것은 만날 때마다 항상 검은색 손가방을 꼭 품에 지니고 다니는 것이다.

"요즘, 어디서 어떻게 지내냐."

대구에서 몇 군데 목욕탕을 운영하고 있고, 이곳저곳 다니면서 좋은 일 하며 지낸다는 말과 표정이 힘들게 살고 있음을 짐작하게 한다. 내가 전화를 하면 도통 받지 않고 한결같이 나훈아의 '오렌지빛 노을 창가'라는 컬러링만 들려준다.

와인 잔에 입맞춤으로/ 사랑을 마시고 싶어/ 사랑을 꿈꾸고 싶어/ 벗어버린 아담과 이브처럼….
이 컬러링 소리가 잊혀질 때쯤이면 전화가 온다.

"친구야, 잘 지내지. 건강해라, 사람 일은 아무도 몰라. 아파서 골골하면 자식도 다 싫어한다."

"알았다. 너나 잘 지내고. 밥 잘 챙겨 먹어."
일방적 안부와 실없는 농담으로 웃음을 준 친구였다.

새벽녘 전화벨이 울린다. 알지 못하는 번호여서 잘못 온 전화라 생각하고 받지 않았다. 아침에 다른 친구로부터 전화가 왔다.

"혹시 경찰서에서 전화 오지 않았어."
"아니," "왜?"

새벽에 경찰서에서 전화가 왔는데 그 친구가 변사체로 발견되었다고 한다. 잠시 넋이 나간 듯 말을 할 수가 없었다. 여관방에서 홀로 숨져있는 것을 주인이 신고했고, 경찰서에서도 연고지가 나타나지 않아 애를 먹었다고 한다. 결혼해서 성장한 자식들도 있는데 연고지가 없다니, 알고 보니 부인과 오래전에 이혼하였고 자식들과도 연락을 끊고 혼자 살아왔단다.

그가 항상 지니고 다녔던 검은색 손가방에는 잔액 없는 빈 통장과 도장, 그리고 두 장의 이태리타월만 들어 있었다. 놀라웠다, 육십여 년을 살은 인생이 이승에 남긴 것이 달랑 이태리타월 두 장뿐이라니. 그의 행적이 조금씩 드러났다. 그는 이곳저곳 목욕탕을 전전하며 세신사로 살아왔다. 그는 이태리타월을 가지고 남의 지친 몸 피로를 풀어주며 손님에게 짧은 행복감을 주는 역할을 하였다. 자기 손이 닿을 수 없는 곳을 개운하게 해결해주는 사람으로 살았다. 그가 생전에 나에게 말했던 '좋은 일 하며 지내고 있다'라는 말이 새로운 울림을 준다. 국가가 장례를 치러 주었다. 장례식에는 친구 여섯, 아들과 딸 모두 여덟 명이 참석했다. 시신은 화장 후 대전시립 묘역 한구석에 자리한 무연고자 처리장으로 이동한다. 큰 구덩이의 납골 항아리 뚜껑을 열자 메스꺼움이 속을 확 뒤집는다. 비릿함이 불쑥 솟아오르는 그곳에 재빠르게 유골을 털어 넣는 것으로 모든 장례가 끝났다. 세상에 태어나서 이렇게 짧은 장례식은 처음 겪는다. 친구는 하루도 아닌 단 세 시간 만에 위패도 영정도 없이 허무하게 이승과의 인연을 끊고 떠났다.

친구의 생활은 철저히 베일에 감싸여 있다. 마치 산행 중에 재난을 당한 조난자처럼 살아온 것 같다. 자신에게 닥친 현실이 어려웠지만, 친구들에게 한마디도 내색하지 않은 자존심 강한 친구였다. 농담만 서로 주고받고 진심의 말과 따뜻한 정을 나누지 못함이 못내 아쉽다. 조난자는 희망을 내려놓는 순간 무너지고. 체념은 삶에 대한 의지를 꺾는다고 한다. 무엇이 친구의 희망을, 의지를 꺾어 놓았는지 나는 알지 못한다. 다만,

"사람 사는 게, 다 거기서 거기여!"

친구의 농담 섞인 말이 생각난다. 꽃이면 어떻고, 잎이면 어떠냐. 결국은 모두가 하나의 뿌리에서 나온 것인데, 꽃은 꽃대로 잎은 잎대로 살아가면 되지. 오늘도 삶 자체가 점점 사라져 간다. 친구의 명복을 빈다.

제4부

꽃이 마음의 눈을 열고
잎이 세월을 담는다
행복은 순간의 만남이다.

여행의 기쁨

프랑스의 남부 도시 리스에서 아침을 맞았다. 바다에는 보송보송 핀 햇솜처럼 폭신한 구름층이 덮고 있다. 바람은 흰 물결을 몰고 오고, 파도는 뒤척이며 자갈 굴리기를 한다. 하늘과 바다가 맞닿은 무한 거리의 수평선이 바닷가에 홀로 자리한 흰색 벤치를 감성적으로 만든다. 이어진 살레야 광장의 새벽시장에는 깨끗하게 정돈된 먹거리 음식과 신선한 과일, 채소의 풍성함이 넘친다.

"맛있어, 맛있으면 다 먹어봐야지."

이 말을 알아들었는지, 맛보기 과일을 조금씩 베어 주던 맹숭맹숭한 민머리 상인은 진지한 모습으로 일행 모두에게 풍족한 정을 나른다. 트램이 오가는 마세나 광장의 거리는 화려하다. 광장에 깔린 조화로운 체크무늬 바닥과 기다란 봉 위에 홀로 앉아 있는 여러 모습의 인물상, 붉은색 건물, 신나게 자전거 페달을 굴리는 구부정한 백발의 노인 모두가 조화롭다. 광장 분수대는 흰 물줄기를 뿜어댄다. 그 위에 작은 얼굴과 탄탄한 근육질로 이뤄낸 황금비율의 남성 나체 조각상이 사선의 자세로 포스를 뽐내며 낭만의 자유를 톡톡히 누린다.

니스에 오면 반드시 봐야 한다는 샤갈 미술관으로 향한다. 흩뿌리는 가랑비를 맞으며 한 무리의 데모 행렬이 피켓을 들며 지나간다. 사람 사는 곳은 어디나 다 똑같은가 보다. 호사한 여행객 처지에서 미안한 생각이 든다. 미술관은 단조로우면서 세련되었다. 전시실마다 많은 관람객으로 북적인다. 그림을 관람하는 태도와 관람객 위주의 편의 시설이 우리나라 미술관과 색다르다. 그림과 사람이 서로 하나가 되어 공존하고 이해하며 숨을 쉴 수 있도록 공간을 마련한 것이 이채롭다. 관람객들이 편하게 전시관 바닥에 앉아서 그림에 관해 설명을 듣거나 이야기를 나눈다. 전시된 그림 앞에 의자를 비치하여 편히 앉아서 그림을 감상하거나 쉴 수 있도록 한 배려의 정서가 돋보인다.

　색채의 마술사,
　20세기 최고의 화가로 불리는 마르크 샤갈(Marc Chagall)은 러시아 출생으로 유대인이며 프랑스에서 활동한 화가이다. 샤갈 미술관에는 약 450여 점의 작품이 전시되어 있다. 이중 인간 창조에서 천국까지 성서를 주제로 한 17점의 대작 〈샤갈의 성서 연작〉이 주축을 이루고 있다. 샤갈은 일관되게 성서 내용을 주제로 작업을 하였고, 성서의 신실함을 이렇게 고백한다. "나는 위대한 보편의 책 성서에게로 갔다. 어린 시절부터 성서는 내게 세계의 운명에 관한 전망을 주었고, 내 작품의 영감이 되었다. 나는 십자가에 못 박힌 예수처럼 이젤에 못 박힌다."

　〈떨기나무 앞의 모세〉 작품에 시선이 간다. 샤갈은 성경에 나오는 모세의 머리에 뿔처럼 생긴 두 개의 빛을 그려 넣었다. 서양 미술작품을 관람하면서 '모세'를 알아보는 방법은 머리를 보면 알 수 있다. 머리에 두 개의 뿔이 달린 사람이 모세이다. 미켈란젤로의 '모세상'은 서양 미술작품 중 가장 주목받는 조각상이다. 이 조각상은 모세가 돌판에 새겨진 하느님의 십계명을 가지고 시나이산을 내려오는 고귀한 모습을 표현한 것이다. 미켈란젤로는 이 조각상 머리에 두 개의 뿔을 만들었고, 이후로 화가들은 '모세' 머리에 두 개의 뿔을 그려 넣었다. 이는 성경의 탈출기 34장 29절의 성경을 잘못 해석하면서 발생한 실수였다. "모세가 시나이산에서 내려올 때 모세의 손에는 증언 판 두 개가 들려 있었다. 모세는 주님과 함께 말씀을 나누어 자기 얼굴의 살갗이 '빛나게' 되었으나 그것을 알지 못하였다."에서의 히브리어 '빛'을 '뿔'로 잘못 번역하여 머리에 뿔을 만들어 놓은 것이다. 하지만 유대 가정에서 태어난 샤갈은 히브리어를 알았기에 뿔을 빛으로 표현했다.

인류의 여행은 언제부터 시작되었을까? 성경의 창세기 12장 1절에 주님께서 아브람에게 말씀하셨다, "네 고향과 친족과 아버지의 집을 떠나, 내가 너에게 보여줄 땅으로 가거라." '이때부터 인류의 여행이 시작된 것이 아닌가'라는 생각을 해본다. 짧은 시간이었지만 그림에서 시대에 따른 변천사를 알고 과거와 현재를 비교해 본다. 다양한 관점을 통해 우리가 어떤 모습으로 살아 숨 쉬고 있는지를 알 수 있다. 그림을 통해 한 시대가 공유했던 사유를 발견하는 재미가 쏠쏠하다. 작가의 작품을 둘러보는 것 자체가 나 자신을 찾아가는 여행이다.

반 고흐의 흔적을 찾아서

시간은 담배 연기처럼 사라지지만, 깊은 인상을 받았던 시간은 기억에서 좀처럼 지워지지 않는다. 지중해 연안의 항구도시 마르세유에서의 여정을 마치고 아침 일찍 아를(Arles)로 향했다. '아를' 하면 반 고흐가 떠오르고 내 생애 꼭 한번 가보고 싶었던 곳이다. 예전에 함께 근무했던 직장 동료로부터 '반 고흐, 마지막 70일'이란 책을 생일 선물로 받았다. 이번 여행은 그의 따뜻한 마음과 함께하는 듯한 기쁨이 난다. 반 고흐의 작품은 거주하는 장소를 옮길 때마다 변화한다. 이것을 보면 사람은 환경의 지배를 받으며 살고, 환경은 작가의 작품구성에 많은 영향을 끼친다. 목적지에 들어서자 빨간 지붕의 벽돌집들이 보이기 시작한다. 곧이어 아름다운 경관의 론강과 오랜 세월을 거치면서 수난을 겪은 고적들이 모습을 드러낸다. 웅장한 원형경기장이 로마 시대 건축물의 위용을 뽐낸다. 하지만 정작 마음이 가는 것은 자연을 사랑하는 반 고흐가 이 마을 구석구석을 돌아다니며 남긴 자취를 찾는 데 있다. 짧은 시간의 여로지만 반 고흐를 찾아 나선다.

먼저 반 고흐 카페가 있는 포룸 광장을 찾았다. 거리를 호기롭게 활보하는 커다란 점박이 개가 나를 맞이한다. 이 견공조차도 멋있게 보인다. 카페 점원의 경쾌한 걸음과 빨간 운동화가 노란색 카페 건물과 잘 어울린다. 빨간 모자를 쓰고 빨간 티셔츠를 입은 흰 수염의 노인장, 꽁지머리에 수북한 턱수염의 젊은이, 옆머리를 바짝 쳐올리고 검정 뿔테 안경을 쓴 멋진 신사가 자유롭고 신선한 맛을 준다.

아를.
반 고흐는 아를의 밝은 햇살과 고요한 풍경을 사랑했다. 그는 이곳의 정경을 〈아를의 침실〉과 〈붉은 포도밭〉〈해바라기〉 등의 그림으로 표현했다. 특히 〈붉은 포도밭〉이란 그림은 그가 살아생전에 유일하게 팔린 기록이 있는 작품으로 알려져 있다. 고흐는 함께 지냈던 고갱과의 다툼 속에 자기 귓불을 잘랐다. 치료를 위해 입원했던 병원을 카메라에 담는다. '에스빠스'라는 노란색병원은 지금 문화센터로 그 용도가 바뀌었지만, 작품 속의 정원처럼 화려한 꽃을 피우고 있다. 그가 바라보고 산책했던 공간에서 〈귀를 자른 자화상〉 그림을 보니 쓸쓸함과 고독함이 다가온다. 그는 노란색과 녹색, 파란색을 즐겨 사용했지만 강렬한 노란색을 특히 좋아했다. 이것에 대해서는 그가 즐겨 마신 압생트 때문이라는 주장이 있다. 이 술은 모파상, 마네, 피카소, 고흐 등 낭만주의 화가들이 즐겨 마셨던 술이다. 이 술 안에는 투존(Thujone)이라는 환각성분이 들어 있고 시신경을 손상하는 테르펜(Terpene) 유도체가 함유되어 있다. 독특한 고흐의 색감에 압생트도 한몫했는지 모를 일이다. 이런 그도 건강에 대해서는 많은 관심을 가졌다. 자기의 건강 유지를 위해 사용했던 방법을 〈양파와 파이프 담배가 있는 정물〉로 그려냈다. 그는 양질의 코냑이 혈액순환을 돕고, 담배는 영감을 주며, 양파와 마늘, 파는 소화기관을 깨끗하게 만들어준다고 믿었다. 건강을 지키기 위한 이론서와 지침서를 읽으며 나름의 건강법을 실천했던 그가,

꽃이 마음의 눈을 열고_4부

환각성분이 있는 압생트를 즐겨 마시고 권총 자살로 생을 마감했다는 사실이 참 아이러니하다.

    지나치는 골목에서 더 소중한 것을 얻는 것이 여행인가보다. 따끔한 햇살이 내리쬐는 골목을 누비다 보니 어느 집 대문에 시선이 강인하게 꽂힌다. 작은 대문 정중앙에 설치된 사람 손 모양의 조각상이 은근한 자태로 유혹한다. 이것이 노크 상인가. 곧 움직일듯한 손목, 소매 깃의 무늬 패션 감각이 뛰어나다. 정밀하나 도드라지지 않는 팔찌, 수줍은 듯 구부린 손가락에 무언가 상징성이 있는 듯한 고혹적 반지를 끼운 외형이 매력을 준다. 자기 멋을 강하게 각인시키는 집주인이 어떤 사람인지 궁금증이 난다. 카페와 술집이 술렁이는 골목을 벗어나자 넓은 강이 마주한다. 론강이다. 고흐가 〈론강 위에 별이 빛나는 밤〉을 그려낸 낭만이 흐르는 공간이다. 마을을 돌며 고요히 흐르는 푸른 강물과 강변의 주황색 건물 모습이 담담하다. 강둑에 서서 그의 여흔을 따라 노란빛 동선을 그려본다. 오랜 역사를 간직한 해질 녘 론강 변을 호젓하게 걸으면서, 그의 발길과 시선이 머무르고 호흡이 닿았던 시간의 흔적을 품어본다.

염치

여행이 때로는 일방통행의 상상과 지식을 깨우쳐준다. 프랑스 아를에서 관광버스에 몸을 싣고 스페인으로 가는 길,

"아! 뭘 잘못 건드렸어. 사진이 안 찍혀."

한마디 작은 외침이 꾸벅꾸벅 졸고 있는 모든 이들의 고요함을 순간 깨뜨린다. 빨간 바지의 할머니는 차창 밖 풍경을 카메라폰으로 찍다가 무엇을 잘못 건드렸는지, 기능이 작동되지 않는다며 입을 삐죽이면서 염치없는 푸념 들을 종알거린다. 일행

들은 갑작스러운 할머니 행동에 밉지 않은 농담을 던진다. 파란 하늘에 두둥실 떠 있는 구름, 올리브와 오렌지 나무의 행렬이 끝없이 펼쳐진다. 이슬람문화와 가톨릭문화가 함께 공존하는 도시, 그라나다가 점점 가까워져 간다. 저 멀리 '눈으로 덮인 산자락'이라는 뜻의 시에라네바다(Sierra Nevada) 산맥의 설경이 보인다. 중년의 아주머니는 아예 버스 맨 뒷자리를 혼자 독차지하고 누웠다. 가끔 셀카봉에 카메라폰을 매달고 연신 "김치, 김치"를 외치면서 혼자 낄낄거리며 염치없음을 즐긴다. 그는 가는 곳마다 "김치, 김치"하면서 혼자 셀카를 찍으며 자기만의 세상을 남긴다. 그녀는 곧 김치녀란 별칭을 얻는다. 빨간 바지 할머니와 장난기 가득한 중년의 김치녀는 홀로 여행을 온 사람들이다. 아무도 자기를 아는 사람이 없는 이곳에서 자유로운 일탈의 여행을 만끽한다. 남의 눈을 의식한 국내에서는 볼 수 없는 광경이다. 어린 시절로 돌아간 듯한 발랄 감성으로 낄낄, 깔깔 프랑스 끝자락을 흔든다.

낯선 풍경이 시선을 끈다. 안내 책자에 따른 여행지 이동과정을 꼼꼼하게 탐미한다. 넓은 들의 푸르름이 빠르게 달려 들어온다. 그동안 말로만 듣고 사진으로만 보았던 알함브라 궁전을 볼 수 있다는 기대감에 마음이 설렌다. 알함브라의 추억이란 기타 연주는 이국적이며 애잔해서 매혹적인 환상을 갖고 있다. 드디어 이슬람 나사리 왕국의 최후 거점 그라나다에 도착했다. 노점상은 가느다란 철사를 이용해 즉석에서 만든 크고, 작은 잠자리와 거미, 개미 등의 각종 곤충을 앙증스럽게 좌판에 늘어놓고 호객을 한다. 작은 우산 모양의 무지갯빛 모자를 쓴 우스꽝스러운 차림의 사내가 별나게 생긴 장난감들을 들고 우리 주위를 맴돈다. 집시들은 카페 앞에서 검은색 전통 복장을 하고 경쾌한 노래와 춤을 추며 관광객들에게 적선을 청한다. 기타 반주와 그들의 노랫소리가 마치 '원 달러 내놔'로 들려 웃음을 자아낸다. 차림이 다른 이국인들이 노래에 맞춰 흥겹게 춤을 추며 박수를 보낸다. 이런 맛에 여행하는 것인가. 가는 곳마다 호기심을 주는 정경과 어디서 들어봄직한 이야기에 기쁨의 눈을 뜬다. 내 눈은 있는 그대로의 모습만 보고 생각과 느낌은 머리에 맡긴다.

'붉은색'이란 뜻의 알함브라(Alhamra) 궁전은 지중해를 건너 그라나다를 점령했던 이슬람 세력이 80년에 걸쳐 만든 궁전이다. 이슬람건축 기술의 꽃이라 불리는 명성만큼이나 섬세한 정원과 건축기술, 정교한 예술성에 놀라움을 연발한다. 이슬람 왕조의 통치 아래 번영을 누렸으나 하느님 땅을 세우려는 기독교 세력에 의해 무너졌다는 말이 충격으로 다가온다. 이슬람교도들에게 종교적 의미가 깊은 이곳에, 스페인 통일의 어머니로 추앙받는 이사벨 여왕은 가톨릭 승리의 상징으로 성당을 지었다. 그 후 이 궁전은 기독교 문화와 이슬람문화가 서로 융합된 건축물로 그 모습이 변하였다. 스페인이 한때 얼마나 부유하고 강한 국가였는지 다양한 문화와 화려하고 웅장한 건축물들이 대변해 주고 있다. 불의와 정의, 독재와 자유, 전쟁과 평화, 아름다움은 종국엔 승자의 몫이다. 정복의 역사가 문화가 되고 그 장엄하고 위대함 속의 이면에는 승자의 약탈과 약자의 저항과 죽음이 묻혀 있다. 여행은 내 시각의 편협함을 일깨워준다. 그리고 상상 속의 망상을 지적한다. 역사도 나도 염치없이 세워진다. 따라서 모든 것의 역사성은 내 판단의 기준이 될 수 없다. 내가 어느 나라에서 태어날지, 그곳에서 어떻게 살게 될지를 모르는 것이 내 역사성이다. 나는 그저 내 눈에 보이는 대로 살면 되는 것이고 판단과 결론은 세상을 창조한 두뇌의 몫이다. 우린 상반된 입장 속에 염치없이 세상을 살아야만 하는 존재인가 보다.

또, 올껴!

전세버스를 기다리며 신난 아내들은 눈에 빛을 내며 이구동성으로 외친다.

"집만 나서도 여자들은 좋아요."

틀에 박힌 태도 감탄사도 연거푸 튕긴다. 삶의 공간에서 벗어난다는 건 여러모로 의미가 있다. 낯선 길과 새로운 풍광을 만나면서, 지나온 나와 새로운 나를 발견하기도 한다. 생기 오르는 봄날에 부부 동반으로 1박 2일 여행을 떠났다. 조폐공사에

입사해서 삼십사 년 세월을 함께 보낸 동기생 부부들과 변함없는 노정이다. 하나가 둘이 되고, 둘이 하나, 둘, 셋을 만드는 잉태의 여정을 우린 열심히 살았고 서로를 보듬어 주었다. 이제 서로를 마주하며 바라보는 팽팽한 이마는 빛남이 더하고 고운 손등에는 세월 흐름의 나이테가 그려져 있다. 남해의 통영과 욕지도를 찾아 나선 길에 김 박사의 층계 박수로 시작된 재치 넘치는 사회와 색 짙은 농담, 퀴즈에 모두가 박장대소하며 깔깔, 껄껄 웃느라 정신이 없다. 육십 평생의 반 이상을 한 울타리 안에서 함께한 동료이자 친구이며 동무이고 벗이고 형이다.

통영은 늘 소박하고 재미가 있다. '뒤지게 맛 나는 통영 수제버거'란 상호부터 시각적 즐거움을 준다. 벽도 문도 없는 세병관으로 솔솔 불어오는 통영의 바람이 욕지도로 가자 한다. 세병관은 전에도 몇 번 와 봤지만 올 때마다 야무지고 당찬 기운이 느껴진다. '세병'이란 이름은 당나라 시인 두보의 시에서 가져왔는데, '은하수 물을 끌어와 갑옷과 무기를 씻어 영원히 사용하지 않게 되기를 바라는' 평화의 염원이 깃들어 있다고 한다.

욕지도로 가는 배는 하얀 물길을 만들고 갈매기는 부르지도 않았는데 떼로 몰려든다. 높은 언덕에 자리해 전망 좋은 이국적 분위기의 펜션은 단숨에 여심을 사로잡는다. 이른 아침 붉은 양귀비꽃이 만발한 뜨락의 큰 바위 곁에 쪼르륵 앉아 푸르른 바다를 바라본다. 떠오르는 태양을 맞으며 지친 어깨 안마받는 사모들과 안마해주는 열성 팬님들, 세월 흐름에 묻힌 정겨움이 그득하다. 토닥토닥 안마해주던 양박사의 걸쭉한 익살과 너스레에 사모들은 킬킬대다 까르르 웃는다. 그들은 그 시원함과 행복함을 소박하고 절제된 언어로 대신한다.

"아! 좋다. 이 바닷바람."

청명한 하늘 아래 고즈넉하게 자리한 고풍스러운 정자에 둘러앉았다. 바닷바람 소리를 박자 삼아 부르는 양박사의 농익은 사철가는 모두의 감성을 두드린다.

이 산 저 산 꽃이 피니 분명코 봄이로구나.
봄은 찾아왔건마는 세상사 쓸쓸하더라.
나도 어제 청춘일러니 오 날 백발 한심하구나.
내 청춘도 날 버리고 속절없이 가버렸으니

꽃이 마음의 눈을 열고_4부

왔다 갈 줄 아는 봄을 반겨 헌들 쓸데가 있나.
봄아, 왔다가 갈려거든 가거라.

이제는 무정한 세월도 청춘도 덧없이 흘러가고 모두가 백발의 벗으로 같은 길을 간다. 욕지도 할머니들이 운영하는 '할매 바리스타'에서 차 한 잔의 여유를 만끽하고, 누군가와 연결되기를 바라며 흔들리는 출렁다리에서 마지막 단체 사진을 찍는다.

봄 햇빛에
빛나는 초로인생이
욕지도 천황봉 고개를 넘는다

코끝을 스치는 마바닷바람을
우리들 예쁜 가슴에 담고

쪽빛 하늘 수평 무지개는
영롱한 눈에 넣는다

출렁이는 다리는

서로의 마음을 행복으로 이어주며
또 오라, 또 오라며 눈짓한다.

ー「또, 오라」

내 눈에 보이는 우연함이 기쁨이고 행복이다. 자연이 준 기쁨의 섬 욕지도에서 우리네 사랑을 담아낸다.

오트레인(O-Train)

몇 해 전, 친구들과 의미 있는 추억의 연말을 보내기 위해 백두대간으로 눈꽃 구경을 갔다. 마침 코레일에서 운영하는 오트레인(O-Train) 열차 관광상품이 있어서 주저 없이 선택했다. 고등학교 동창생인 우리는 아직도 만날 때마다 설렘이 있는 친구들이다.

봄바람에 벚꽃 잎이 휘날리듯, 눈꽃 바람이 유리알처럼 반짝이며 분다. 눈송이는 헐벗은 나무를 휘감고 순백의 꽃을 피운다. 눈부시게 빛나는 설경, 산타클로스 복장을 한 사람들이 색

소폰을 연주하며 우리를 맞이한다. 이러한 상상을 하며 새벽 눈꽃열차에 올랐다. 웃고 떠드는 여행객들 모두가 신이 난다. 드디어 산타 마을이라는 경북 봉화 분천역에 도착했다. 열차에서 내리자 무심한 겨울바람이 휙 지나간다. 꿈이 배신으로 다가온다. 그나마 보이는 작은 눈발마저도 흙바닥을 세우는 바람이 싹 거둬들인다. 너무 실망한 나머지 어디로 가야 할지, 무엇을 해야 할지 저버린 배신의 허망함이 밀려온다.

한산한 식당에서 "여기~ 막걸리 한 병 주세요." 환상을 지운다. 우리끼리의 재미를 찾아 서로를 파고들며 다음 목적지인 승부역으로 향한다. 낙동강 상류, 협곡 끝 가장자리 절벽을 깎아 만든 간이역이다. 승부역이 명성을 얻게 된 것은 이곳에 근무하던 철도원이 '여긴 꽃밭이나 하늘이나 세 평이 못 되겠구나'라고 페인트 붓으로 바위에 쓴 글이 알려지고 나서다. 소박하고 아늑한 풍경을 보니, 고등학교 졸업 후 처음으로 친구들과 이곳을 지나 강릉, 춘천까지 배낭여행을 했던 추억이 꿈틀댄다. 무엇이든 눈에 보여야만 생각으로 이어진다는 것이 신기하다. 지난 추억을 되새기며 '꼬르륵' 거리는 솔직한 내장의 소리를 잠재우기 위해 정선 장으로 길을 잡는다. 시장기를 면한 후 정선아리랑 극으로 유명한 문예회관을 찾았다. 애절하고 구성진 정선아리랑 가락이 시작을 알린다. 아우라지 강변에 얽힌 처녀·총각의 사랑 이야기가 애절하면서 색다른 묘미를 준다.

"눈이 올라나 비가 올라나 억수장마 질라나…, 정선 읍네 물레방아는 사시장철 물을 안고 뱅글뱅글 도는데, 우리 집에 서방님은 날 안고 돌 줄을 왜 모르나!"

마지막 목적지인 영월 청령포를 찾았다. 늦은 오후의 하늘에는 흰 구름이 자웅을 겨루며 햇살을 갈라놓는다. 단종은 12세의 어린 나이에 조선조 6대 임금에 즉위하였다. 즉위 일 년 만에 숙부인 수양대군에게 왕위를 빼앗기고 상왕으로 있다가 청령포로 유배되어 17세 어린 나이에 이곳에서 생을 마감한다. 육지 아닌 섬에 갇혀 있는데도 금표비를 세워 행동반경까지 통제하였다. 그때의 심경이 어떠했을까? 죽음보다 외로움이 배신감이 더 큰 고통을 주었을 것이다. 금부도사 왕방연이 단종에게 사약을 전하고 한양으로 돌아가면서 비통한 심정을 담은 시비가 슬프게도 서 있다.

천만리 머나먼 길에 고운 님 여의옵고
내 마음 둘 데 없어 냇가에 앉았으니
저 물도 내 안 같아서 울어 밤길 예 놋다.

우리 삶에도 수많은 배신 사례가 존재한다. 이것이 세상을 사는 우리들의 본래 모습이다. 좀 무겁기는 하지만 영월의 서강에서 잠시 잃었던 지난 역사를 회상한다.

집으로 돌아가는 길, 오트레인(O-Train) 열차는 남한강을 스치고 석양의 황금빛은 더 추운 날 눈꽃 구경 다시오라며 순간의 시간을 닫는다.

입

　오늘따라 마음이 뒤척거린다. 주일임에도 집에서 시간을 보낸다. 믿음이 피었던 가슴에는 빗방울이 튀어 오르고, 노래를 흥얼거려도 기분은 돌아오지 않는다. 기분 전환이 필요한 아내와 나는 맛집으로 소문난 동태탕 집으로 점심을 먹으러 갔다. 운 좋게도 하나 남은 마지막 테이블을 차지했다. 코로나에도 불구하고 맛집으로 소문이 나서 그런지 손님들이 대기 줄을 길게 만든다. 앉은 이 자리가 빛이 난다. 조금만 늦었어도 못 누릴 행복이다. 행복은 추구하는 것인지, 발견하는 것인지, 우연히 마주치는 것인지, 웃음이 난다. 성경에서도 '마음의 기쁨보다 큰 즐

거움은 없다'라고 했다. (집회 30, 16)

 식사 후, 대전 중구 침산동 만성산 자락에 있는 뿌리 공원으로 발걸음을 옮겼다. 이곳은 성씨를 테마로 한 도심 속 자연공원이다. 모든 성씨가 한곳에 모인 곳이란 의미를 담은 만성교를 건너자 널찍한 잔디광장이 펼쳐진다. 이곳에서 어릴 적 아이들과의 추억, 봉사활동, 색소폰 연주 등의 기억들이 송골송골 돋는다. 삶 자체가 기억의 연속이고, 기억을 잃어가면 삶이 지는 것이라고 했는데…. 방화산에 둘러싸인 짙푸른 유등천이 내 마음을 띄우고 돌아나간다. 광장 가장자리에 화사하게 핀 능소화를 마음에 담는다. 화장실 가는 길옆, '보문정 가는 길'이란 아주 작은 팻말이 보인다.

 활!

 눈이 번쩍 뜨인다. 보문정 팻말을 따라 들어가니 연붉은 코스모스꽃이 만발해 장관을 이룬다. 컨테이너로 만든 국궁장이 모습을 드러낸다. 이제껏 무얼 보고 다녔는지, 오랜만에 설렘을 안고 고향을 찾은 기분이다. 예전에 나는 국궁을 했었다, 회사

재직 시 회사 내에 '한조정'이란 활터가 있었고, 이 동호회에 가입하여 열정적으로 활동을 했던 기억이 새롭다. 아직도 오른손 엄지에 화살을 낸 굳은살 흔적이 남아있다. 활을 쏠 때는 오른손 엄지손가락에, 소의 뿔을 타원형으로 깎아서 만든 깍지를 끼고 활시위를 당긴다. 이 힘으로 인해서 엄지손가락 마디에 굳은살이 배긴 것이다. 이 굳은살이 25년이 지난 지금도 존재를 한다. 활을 쏘는 사대에서 과녁까지의 거리는 145m다. 아쉽게도 회사의 건물 증축 정책에 따라 활터가 없어져 동호회가 해체되었다.

국궁은 자신의 내면에 충실하면서 움직이듯 움직이지 않는 정과 동의 자세가 반복되는 운동이다. 145m거리의 과녁을 마주한 자신과의 대결이고 대화이다. 상대의 허점을 노리거나 상대를 넘어뜨릴 잔머리를 굴릴 필요가 없는 운동이다. 사람들이 활을 만들어 낸 이유는 공간을 극복하기 위함이다. 공간 극복은 사냥하기 위한 것으로 생존의 문제였다. 인류 문명의 진화가 채집에서 어로, 수렵, 농경으로 이어지는 과정에서 활이 만들어진 것이다. 사냥을 위한 도구인 활이 농경시대로 접어들면서 사냥의 역할이 끝나자 무기로 그 기능이 바뀌었다. 또한 보다 멀리 정확하게 날아가도록 화살 뒤꽁무니에 새의 깃털로 만든 깃을 달았다. 이 깃이 바람의 저항과 방향을 조절한다. 이러한 화살은 돌면서 날아가 상대방에게 치명상을 입힌다. 오늘날 로켓과 같이 먼 거리의 목표물을 정확하게 맞히는 역할을 한 것이 솜털처럼 가벼운 새의 깃이다.

 육십사 년의 연륜 중 반 이상의 세월을 하느님의 신앙으로 채웠다. 내 엄지손가락에 생긴 굳은살처럼 가슴에도 담았다. 이러한 신앙심이 세월을 거치면서, 봄 햇살 같았던 따스함이 서서히 차가운 겨울바람으로 변해간다. 그럴듯한 행동과 말들이 내 신앙심을 허물며 성벽의 기초를 흔든다. 하나라도 알면 알수록 전장에 빠져서, 옳고 그름의 다툼 속에 서로를 향해 화살을 날린다. 내 몸을 덮어주는 따뜻한 깃털을 뽑아서 화살 깃으로 사용한다. 모순 속의 부조화를 바라보며, 내면의 나를 돌아본다. 불씨를 입으로 불면 더욱 세차게 타오르고, 불씨에 침을 뱉으면 꺼지리라. 바람과 침 둘 다 네 입에서 나온다. 질투와 분노는 수명을 줄이고 걱정은 노년을 앞당긴다. 마음의 기쁨은 곧 사람의 생명이며, 즐거움은 곧 인간의 장수이다. 집회서의 한 구절을 읽으면서 반성과 성찰의 시간을 갖는다.

나비가 꽃에 앉듯이

　가루눈이 폴폴 날리는 겨울날에 청계천 거리를 걷는다. 인파를 피해 광화문에 있는 교보문고로 들어섰다. 더 많은 사람들이 북적거린다. 연말이어서 그런지 발 디딜 틈이 없다. 곧바로 예전에 마음에 두었던 '색소폰 여행'이란 책을 샀다. 우선은 책을 보면서 기본소양을 읽히고, 그다음에 색소폰에 도전하리라는 굳은 의지를 다졌다.

　이듬해 봄, 어렵사리 행동으로 옮겼다. 동우회에 가입하고 황금색 색소폰도 사들이었다. 선생님은 주법과 리드가 중요하다고 강조한다. 마우스피스를 가볍게 문 상태에서 윗니로 고정하고 리드를 아랫입술에 대어주면서 목구멍을 열어 소리를 내라 한다. 첫소리가 나기까지 여러 날을 헤맸다. 아랫입술은 윗니의 힘에 눌리어 얼얼하다. 힘을 빼면 소리가 약하게 새어 나오고, 힘을 주면 날카로운 소리가 귀에 거슬린다. 적당한 압력을 유지하기가 쉽지 않다. 선생님은 '아!'하고 깜짝 놀랐을 때의 상황처럼 입을 열라고 한다. 그 순간 호흡을 들이마신 후 천천히 내뱉으라는 복식 호흡 방법을 일러준다. 온몸에 힘이 들어간다. 많은 양의 숨을 한꺼번에 들이마시고 조금씩 천천히 내뱉으려니 머리가 어질하다.

어느 날 밤, 할머니 한 분이 멋쩍은 모습으로 연습실 문을 두드린다. 그리고는 선생님을 찾는다. 색소폰에 대해 이것저것 조심스레 물으며,

"나같이 나이 많은 사람도 색소폰을 불 수 있을까요. 호흡이 딸려서 할 수 없겠지요?"

주춤주춤 어색해하며 수줍음을 드러내는 왜소한 모습의 할머

니. 나는 옆에서 슬쩍 엿듣고 곁눈질로 보면서 가능성보다는 내 눈에 보이는 현상을 본다. 저 연세에 될까? 왜 하필 색소폰이지. 현실론적 감정에 걱정의 마음이 앞선다.

몇 년 세월이 지났다. 늦은 저녁 시간에 할머니와 단둘이 연습실에 남았다. 나는 그동안 궁금했지만 차마 물어보지 못했던 말을 조심스럽게 꺼냈다.

"할머니는 왜 색소폰 배울 생각을 하셨어요?"

할머니는 갑작스러운 내 질문에 당황한 듯 멈칫거리다가 이내 속내를 담담하게 털어놓는다. 올해로 내 나이 이른 다섯이다. 삼 년 전 어느 날 밤에 가게 문을 닫으려는데 단골손님 한 분이 들어왔다. 집에 가는 길이라면서 이제 막 배우기 시작했다는 색소폰을 꺼내 들었다. 잘 부는 것 같지는 않았지만, 그 소리가 너무 좋아서 시작했다. 처음엔 색소폰을 배워서 여섯 명의 손자, 손녀 생일 때 축하 연주를 해 주고 싶었다. 하지만 칠 년 전에 남편을 잃은 외로움이 밀려와서 육 개월 동안 '여자의 일생'만 불었다. 생각해보니 색소폰은 내가 외로울 때 친구를 두고 싶어

꽃이 마음의 눈을 열고_4부

선택한 악기였다. 색소폰을 차에 싣고서 어딜 가나 장난감처럼 가지고 놀았다. 이제는 잠자다 생각나면 불지는 못하더라도 만져주고 닦아주고 싶은 그런 친구가 되었다. 아직까진 안경 쓰지 않고 악보를 볼 수 있다. 소리도 제법 갖추어졌다며 홍조 띤 얼굴에는 자신감이 실려 있다. 지난주에는 색소폰 연주 모습을 촬영해서 가족 카톡 방에 올려놓았더니 손자·손녀들이 '우리 할머니 짱'이라고 했다며 자랑한다. 나이 들어 자랑하며 사는 것도 큰 즐거움이라는 할머니의 해맑은 미소가 행복해 보인다.

중년과 노년층이 많이 배우고자 하는 악기가 색소폰이다. 그 이유는 누구나 쉽게 배울 수 있다는 점이다. 또한, 사람의 목소리와 가장 닮은 악기로 그 음색이 매혹적이어서 적적한 시간을 보내기에 더없이 좋기 때문이다. 다들 색소폰을 금관악기로 알고 있으나 실은 갈대로 만든 얇은 리드의 떨림이 함께 어우러지면서 소리가 나는 목관악기이다. 리드는 번쩍거리며 뽐내는 황금색의 외형적 모습과는 달리, 숨은 듯 잘 보이지 않는 마우스피스 위에 얹혀있다. 이 작은 갈대 리드의 떨림이 없다면, 번쩍이는 색소폰은 고철 덩어리로 무용지물이 된다. 내면적으로 중요하게 작용하는 이 마우스피스와 리드를 통해서 내 마음을 다잡고 나를 성찰한다.

 늦은 나이에 악기를 배운다는 것은 새로운 나를 찾는 일이며, 나에 대한 자유와 모두와의 어울림을 위한 모험적 여행이다. 작으면서 아주 부드러운 리드가 색소폰에 울림을 주듯이, 노년의 부드러움도 세상에 아름다운 소리를 들려줄 수 있다. 나비가 꽃에 앉듯이 부드러운 연륜으로 소통하고 세대 간 울림을 주는데 그 배움의 이유가 있다. 젊은 사람들 못지않은 사고와 새로움에 도전하는 용기, 소셜 네트워크 서비스를 이용하여 사람들과 어울리는 노년 삶의 짜임이 빛난다. 흔히 하는 이야기로 나이는 숫자에 불과하다. 고령화가 진행되면서 노년 세대들에 대한 시각도 새롭게 바뀌어야 한다. 할머니를 처음 뵈었을 때 생각했던 현실론적 시각의 내 좁은 소견이 부끄럽다.

망초꽃이 전하는 말

"우린 글 잘 몰라요."
"이 나이에 뭘?"

논산시 양촌읍 채광리 마을주민들과의 첫 만남은 이렇게 시작되었다.

"그냥 생각나는 대로 쓰시면 됩니다."
"그냥 쓰라고요?"

호기심 발동한 웃음 띤 얼굴들이 되묻는다. 평생 농사일만 했던 이들에게 글쓰기는 어떤 의미와 가치를 줄 것인지. 오랜 세월 잊고 지냈던 기억을 다시 꺼내 든다는 것이 어려운 일임을 알기에 고민스럽다. 쓸데없는 걱정이었다. 소설 같은 인생 이야기들이 솔잎에 송골송골 맺힌 이슬방울처럼 맑고 순수하다. 삶의 축적에서 나온 한마디 한마디의 말이 가슴에 쏙쏙 스며든다. 소박한 글이 오목한 옹달샘에서 뛰어논다. 한 달 또 한 달이란 시간이 지나면서 문장 구사력이 자리를 잡는다.

세월 지난 단어들의 나들이도 흥미롭다. 도랑물, 서낭당, 지게, 작대기, 호롱불, 새참, 책보자기, 문구멍, 듣고만 있어도 알싸한 맛이 난다. 유년 시절 궁핍했던 기억들도 쏟아진다. 애증으로 가득했던 아버지에 대한 원망이 그리움으로 변한다. 어머니의 고단한 삶이 바로 당신에게로 이어지고, 사연 많은 시어머니가 물려준 쌍가락지는 보고 싶음을 잉태한다. 사별한 남편이 그립다. 어릴 적 동무들이 보고 싶다. 사랑하는 자식과 만남의 기쁨은 순간이다. 자식을 보내고 나면 또 보고 싶고, 속절없이 전화가 기다려진다. 귀여운 손자와 손녀가 보고 싶다. 무릎이 아파서 먼 길을 걷지 못하는 나이 든 육신이 서럽다. 꽃같이 예쁜 내 얼굴은 어디로 갔는지 보이지 않는다. 거울조차 외면하는 보잘것없는 주름진 얼굴만이 내 자리를 떡하니 차지하고 있다. 농사꾼 마음은 밤낮없이 논으로 밭으로 향한다. 비가 많이 내려도 비가 오지 않아도 걱정이 태산이다. 유년 시절 대동강에서 물놀이하던 일이 생각난다. 피난길에 부모와 헤어지고 홀로 이 동네에서 살게 된 인생역정이 영화 속 주인공처럼 그려진다.

시골 어른들과 함께하다 보니 속절없이 부모님이 그리워진다. 소 꼴 베던 고향 들판이 그려지고, 삐거덕대는 대문 소리가 들리고, 까맣게 그을린 부엌 천장의 흙벽과 서까래도 보인다. 찬장 안에 놓인 투박한 사발들이 손에 잡힌다. 수수깡과 판자로 이리저리 얽어 놓은 뒷간 솔 옹이 사이로 골목길을 오가던 사람들의 정겹던 그림자도 보인다. 마당에 널린 짚 검불이 돌연 일더니 흰 수건을 머리에 둘러쓴 엄마가 시야에 들어온다. 엄마에 대해 미안함과 참을 수 없는 그리움이 쏜살같이 허공을 향한다. 나는 손바닥으로 얼굴을 가렸다. 이슬 맺힌 눈망울이 속삭이듯 엄마에게 묻는다. 나이 들어도 부모가 생각나고 자식이 기다려지느냐고? 적막한 밤 홀로 있을 때 부모가 그립고 자식은 더욱더 보고 싶단다. 미운 정, 고운 정 모두가 그립단다.

세월 흐르니 내게서도 부모의 그리움과 자식의 보고 싶음이 비례 되어 늘어난다. 나이 들면 속절없는 그리움을 이렇게 인내하면서 사는 것인가? 머리에 흰 수건을 둘러쓴 망초꽃은 나에게 말한다. 너를 두고 간 아버지의 애잔한 눈빛도, 애절한 어머니의 슬픔도 이제는 잊고 살아라. 머릿속 인연의 끈을 놓아 주어라. 무리한 그리움은 괴로움으로 돌아오기도 한다. 갈 길 먼데 내 몸 가볍게 해야 지치지 않겠는가. 보고픔의 그릇도 채우지 마라. 지나간 바람도 세월도 다시 돌아오지 않는다.

돌아보니 논산시 양촌읍 채광리 마을주민들과 함께한 육 개월 동안의 글쓰기 시간은 내가 그들에게 준 것보다 받은 것이 더 많은 시간이었다. 강의 힘찬 물결도 그 발원지는 산골 속 아주 작은 옹달샘임을 깨닫지 못하고 경솔히 지낸 마음이 부끄럽다. 이제는 나를 중심에 두고 나를 사랑하며 겸허한 삶을 살아야겠다. 서로 부대끼며 살아가는 망초꽃을 보며 삶의 여백을 즐길 수 있는 용기를 꺼내 든다. 오늘도 채광리 둑길을 걷는다. 농촌 글쓰기 봉사를 위해 여름내 오간 길이다. 유모차에 몸을 의지한 채 할머니가 둑길을 걷는다. 어린 시절 아버지 손을 꼭 잡고 걸었던 이 둑길을 그는 여든이란 꽃이 되어 홀로 걷는다.

이 봄, 버드나무와 마주하며

 경칩이 지났는데도 우한 코로나바이러스 감염증은 더욱 확산하여 온 나라가 어수선하다. 방송은 우한 코로나바이러스 감염을 다루는 뉴스로 가득하고 각종 교육단체나 체육시설도 문을 닫았다. 가까운 지인의 부고를 접해도 문상하러 가야할지 고민하게 된다. 삶의 공간이 좁혀져 동굴에 갇힌 것처럼 답답하다. 그날이 그날인 시간을 집안에서만 보내고 있자니 몸과 마음이 공허해지고 무력해진다. 잠시 잠깐 밖에 나왔다 들어가면 아내는 손 씻기를 외친다. 평상의 일상이 통제되었다. 나와 내 가족이 언제 어디서 코로나바이러스에 감염될지 모르는 불안한 마음이 삶을 짓누른다. 걱정스럽고 불편한 마음에도 비타민 D가 자가 면역력을 높여 준다는 말을 위안 삼아서 집을 나섰다.

 인적이 드물고 공기가 좋은 탑정호수를 찾았다. 오리들이 떼를 지어 유영하고 물가에 늘어진 버들가지가 봄바람에 나근거린다. 따사로운 햇살과 적당한 바람, 카페에서 주문한 카페 라테의 구수함과 부드러운 맛이 여유의 시간을 붙잡는다. 사천오백 원의 행복이다.

 호숫가에 투영되어 나풀거리는 버드나무가 정겹다. 바람이 불면 부는 대로 맞서지 않고 유연하게 흔들리며 어느 곳에서나 잘 자라는 모습이 옛날의 또순이 같은 느낌을 준다. 이런 버드나무에서 추출한 '살리신'으로 그 유명한 해열 진통제 아스피린을 만들었다니 참 기특하고 신기하다는 생각이 든다. 내가 사는 아파트 이름도 버드내 마을이어서 그런지 더욱 친근감이 든다. 그때 불쑥 떠오르는 것이 있었다. 지난해 논산 연산면 화악리 마을에서 봉사활동을 하며 알게 된 한 할머니의 깊은 사연이다.

 "나는 일자무식이여, 내가 글을 쓸 줄 알면 책 한 권은 쓸 거여."

꽃이 마음의 눈을 열고_4부

입담 좋은 할머니는 무학으로 글은 잘 모르지만, 마음이 깊고 할 말이 많으신 분이다. 홀로 사는 할머니는 버드나무만 보면 부모가 그리워진다면서 지난 시절의 가족사를 담담하게 나에게 들려주었다.

내 나이도 생각나지 않는 아주 어릴 적에 아버지가 일제에 의해 징용을 당하였다. 해방되고 몇 해가 지나도록 아버지는 소식도 없이 돌아오지를 않았다. 젊은 어머니는 아버지가 지은 빚에 쪼들리면서 지친 삶을 살다 속병까지 얻어 환자처럼 지냈다. 가족들은 아버지가 돌아가신 것으로 단정을 하였고, 어머니를 설득해서 재혼을 시켰다. 나는 버들가지가 봄바람에 휘날리던 날, 어머니와 생이별을 하고 외할머니댁으로 보내졌다. 그렇게 살던 중 뜻밖에 아버지가 징용에서 돌아왔다. 난리가 났고, 징용에서 돌아온 아버지는 재혼한 어머니를 찾아가서 다시 집으로 돌아오라며 간곡하게 종용하였으나 어머니는 듣지를 않았다. 결국 모든 것을 포기한 아버지는 재혼했고, 내가 열두 살 되던 해에 서울의 먼 친척이 식모로 데려갔다. 고된 식모살이에서 하루라도 빨리 벗어나고 싶어서 어린 나이에 결혼했다. 시골로 내려와 온갖 고생 하면서 아등바등 살다 보니, 어느 날 남편이 갑자기 쓰러져 세상을 떠났다. 다시 혼자되어 이제까지 밥은 먹고 살지만, 아직도 버드나무를 보면 어머니와 아버지 생각이 난다면서 말끝을 흐린다.

시대를 잘못 만나 징용이란 굴레를 뒤집어쓰고, 휘몰아치는 역사의 소용돌이 속에 휩쓸린 한 가족의 아스라한 인생 여정 이야기다. 찡한 아픔이 내 가슴을 후비며 다가온다. 남편과 아내와 딸이 서로 생이별을 하고, 한 하늘 아래서 서로 각자 다른 삶을 살아왔다는 것이 기가 막히는 일이다. 얼마나 힘들고 외로웠을까. 이러한 상처를 누가 보듬고 치유해 줄 것인가. 살아온 날을 가슴 치며 아파하는 할머니 모습에 내 마음도 몹시 슬펐다. 지금껏 가슴에 묻고 살아온 할머니의 마지막 말이 아직도 귓가에 맴돈다.

"인제 와서 누굴 탓하겠소. 다 박복하게 태어나 시대를 잘못 만난 내 탓이지."

홀로 걷기도 벅찬 황혼의 길에서 할머니는 부모에 대한 원망을 보고픈 그리움으로, 자신의 박복함과 한탄을 시절 잘못 만난 자기 탓으로 돌린다.

할머니는 모진 바람에 시달리면서도 꺾이지 않는 버드나무의 품성이 자신과 닮았다고 생각하고, 버드나무를 볼 때마다 서로의 마음을 달랬다고 한다. 문헌을 보니 놀랍게도 기원전 3000년경부터 고대 이집트인들은 버드나무를 진통제, 소염제로 사용했다고 한다.

버드나무를 통해 바라본 할머니의 인생 이야기이지만, 시대가 만든 슬픈 이야기 속에 지금도 우린 살고 있다. '세월이 지나면 모든 것이 다 해결된다.'라는 우리네 사고는 옛날과 바뀐 것이 없다. 앉아 있던 그루터기를 보니 세월의 흔적이 무거워 보인다. 아마도 천연 항생제인 버드나무의 향기가 '외로운 할머니의 상처를 어루만져 주었기에 이제껏 살아온 것이 아닐까?'라는 생각이 든다. 아무 일 없다는 듯이 우뚝 서 있는 버드나무에게 부탁한다. 내 지친 일상을 당신의 유연함과 그윽한 천연의 향기로 치료해 달라고, 그리고 본래의 일상으로 조속히 돌아갈 힘을 보태달라고.

눈물의 의미

또 다른 한해가 바짝 다가섰다. 지난해 곧 좋아질 거라는 희망과 꿈이 한순간 바람에 날리는 종잇장처럼 휙 날아간 듯한 기분이다. 새해를 맞아 홀로 계신 장모님을 뵈러 가기로 했다. 전화를 드렸다.

"내 나이 이제 구십이야, 우리 마을에서 내가 세 번째야."

목소리가 정정하다. 코로나 사태로 이장과 마을 사람들에게 눈치가 보인다며 올 것 없다 한다. 장모님은 예전이나 지금이나 자식들에게 부담을 주지 않으려는 자기 사유가 확실하다. 마실도 못 가고, 어쩔 수 없는 세월의 시간을 머리에 이고, 집에 앉아 공허의 날을 '어쩔까, 우야꼬'하며 마음을 달래는 모습이 눈에 선하다.

 오후에 계룡시 두마면 입암리 저수지로 바람을 쐬러 갔다. 따스한 햇볕이 차가운 공기와 함께 얼굴을 스친다. 정겹다. 이곳은 작년 여름에 농촌 어르신 글쓰기 봉사를 위해 들락거렸던 곳이다. 어른들과의 첫 만남이 생각난다.

 할머니들은 하나씩 선물로 받은 필기구와 가방을 챙겨 들고 도대체 뭘 어쩌라는 반응으로 고개를 두리번거린다. 무엇을 하는 사람들인가라는 호기심 반의 눈빛들이 궁금함을 넘어 부정적 기류로 변한다. 코로나로 어려운 시국인데 라며 목소리가 커진다. 이런 상황에서 수업을 할 수 있을까? 불안감이 든다. 큰 목소리가 점차 잦아들고 한번 시작해 보자는 목소리가 다시 커졌다. 이런 초로의 학생들이 열성 팬이 되어 우리는 뜨거웠던 계절을 멋지게 넘겼다.

"내 이야기를 글로 쓰면 남들이 볼 터인데 창피하잖아요."라며 글쓰기를 거부했던 어르신들이, 이제는 글쓰기가 마음에 안정을 준다며 환하게 웃는다.

"글을 쓰고 나면 마음이 후련해요."

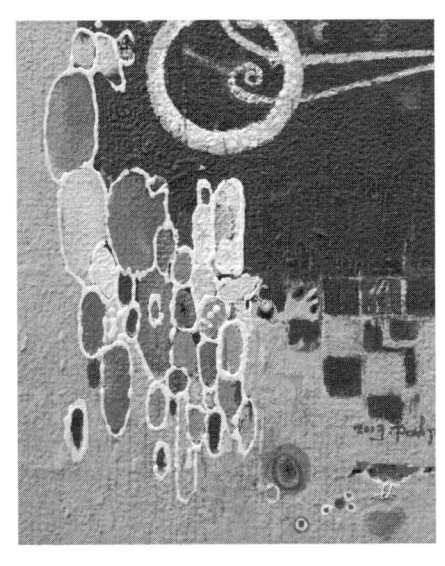

한 글자 한 글자마다 세월을 덮으며 새로운 꽃이 피어난다. 처녀 시절의 풋풋한 연애 이야기를 쓰고 읽으며 깔깔대던 시간들, 육이오 피난 시절의 아픈 상처와 절절한 사연들, 가족들과 정겹고 가슴 시린 이야기. 모두가 부모와 나, 자식들과의 마음을 이해하고 공감하는 치유의 시간이다. 졸업식 날, 난생처음으로 학사모를 쓰고 기뻐하는 모습과 경험하지 않으면 느끼지 못하는 내면의 감정들이 서로 어울려 큰 울림을 준다. 졸업 식사에서 나는 이렇게 말하였다. 어떻게 보면 짧고 어찌 보면 긴 시간이었습니다. 뜨거운 여름에 만나서 오순도순 웃고 즐기며, 코로나를 극복하는 지혜와 함께 걷다 보니 어느덧 열매를 맺는 졸업을 하게 되었습니다. 사람은 나이가 들어서 늙는 것이 아니라, 꿈과 목표가 없으므로 늙는 것이라고 했습니다. 늦었다고 생각할 때가 가장 빠르다고 합니다. 이제는 "내 나이가 몇인데, 이 나이에 뭘." 대신에, "이 나이에도 가능하네"라고 하십시오.

  우리는 부모와 자식, 부부가 함께 살았기에 서로를 잘 안다고 생각을 하지만 실상은 서로의 마음을 잘 모른다. 글쓰기를 통해 세대 간 공감과 소통의 장이 열렸다. 부모의 마음, 아내의 마음, 남편의 마음, 할머니에 대한 마음과 손자·손녀에 대한 마음을 펼친 장마당이 선 것이다. 시집간 딸은 평생 농사만 지은 우리 엄마가 이렇게 글을 잘 쓸 줄 몰랐다며 놀라움을 나타낸다. 어머니의 새로운 재능에 기뻐하던 딸은 중학교 때 처음으로 엄마에게서 선물 받은 김소월의 시집을 떠 올렸다. 어른들은 처음으로 자기가 쓴 글을 읽으면 눈물을 흘린다. 그 눈물의 의미는 본인만이 안다. 행복은 작은 창문으로 밀려드는 햇살처럼 순간적으로 마주하는 것이다.

망각

 노인이 되면 모든 행동이 어린아이 같아진다고 한다. '다시 애가 된다'라는 것이다. 세월이 갈수록 점점 기억력이 감퇴 되기 시작하면서 이 말은 나를 더욱 긴장하게 한다. 나이를 먹으면 인지능력과 사고판단력이 떨어지는 것은 부인할 수 없는 현실이다. 고독한 슬픔의 그림자. '다시 애가 된다'라는 말은 좋은 의미와 나쁜 의미를 내포하고 있다. 어린 시절에는 생각이 없다가, 나이가 어느 정도 들면 비례해서 생각이 많아지고, 늙으면 다시 생각이 점점 사라진다. 없다가, 있다가, 없어지는 순환을 겪는다. 늙음에 대한 이런저런 상상을 끌고 간다.

칠월의 뜨거운 태양을 길동무 삼아 노인복지 센터를 찾았다. 소통과 공감을 통해 삶을 긍정적으로 변화시키는 인생 나눔 봉사활동을 하기 위해서다. 인생 나눔 멘토는 자신의 인생 경험을 돌아보고 멘티와의 만남을 통해 인문적 가치를 나누며, 성숙한 사회구성원이 될 수 있도록 돕는 일을 한다. 어린이부터 중학교, 군부내, 교도소, 노인센터 등 다양한 사람들을 만난다. 지난주에는 참석하지 않았던 할머니가 왔다. 아무런 말도 없이 의자에 다소곳이 앉아있는 할머니에게 말을 건다. 다른 할머니와 달리 경계하며 눈치를 보는 등 행동이 부자연스럽다. 아무래도 무엇인가 깊은 상처가 있는 것 같아 마음을 편히 갖게 하고 조심스럽게 다가간다. 머뭇거리다 시작된 할머니 이야기가 봇물 터지듯 쏟아진다.

고등학교 이 학년 때 어머니가 돌아가셨다. 얼마 후 나이가 어린 서모가 집에 들어앉았고, 젊은 첩을 어머니라 불러야 하는 역겨움을 겪었다. 여고를 졸업하고 양재 학원에 다녔는데 중매쟁이가 며칠 들락거리더니 서모는, 그만한 신랑감이 없다면서 서둘러 결혼을 종용했다. 아버지는 상대가 부잣집이라는 것에 은근 마음을 두었고, 서모와 중매쟁이의 그럴듯한 허풍과 화술에

현혹되어 결국 혼사를 승낙했다. 세상 물정 모르는 스무 살 나이에 떠밀리듯 결혼을 했다. 결혼 후 삼 개월 만에 시아버지가 갑작스레 세상을 떴다. 시아버지의 죽음을 내 탓으로 돌렸다. 새 사람이 잘못 들어와서 집안에 액운이 닥쳤다는 생억지를 뒤집어쓰고 시어머니와 남편으로부터 온갖 구박과 핍박을 받았다. 시어머니는 날마다 온갖 욕설을 퍼부었고, 밥도 부엌에서 혼자 먹게 했다. 패악스러운 학대가 점점 늘어만 갔다. 남편은 술만 먹고 들어오면 머리채를 후려잡고 개 패듯 패며 신작로를 따라 질질 끌고 다녔다. 온몸이 돌부리에 찢기고 땅바닥에 짓이겨 흙먼지와 피가 범벅이 되었다. 멍투성이 몸은 성할 날이 없었다. 그 와중에도 아들과 딸을 낳았다. 소문을 듣고 온 아버지에게 이끌려 친정으로 되돌아갔고 결국 이혼을 당했다. 자식들과 생이별을 한 후 지금껏 홀로 살고 있다. 슬픈 그림자가 어른거리며 빨리 어둠이 오기를 기다린다. 상처만 입고 해결되지 못한 채 버려지고 흘러간 과거다. 오래전 일이라 잘 기억나지는 않지만, 하루하루가 온전한 날이 없었던 그의 상처는 가녀린 등과 마음에 큰 흔적을 남겼다. 굉장히 불우한 삶을 살았던 그녀의 불안심리가 무의식 속에 자리를 잡았다. 망각의 할머니가 되어서도 고치를 벗지 못하고 나비가 되어 한 번 날아 보지도 못했다. 어머니가 돌아가신 하나의 사건이 원인이 되어 결과적으로 한 여인의 인생을 이렇게 바뀌어 놓았다.

"이제 용서하고 따지지도 말라는, 그런 잔소리 하지 마."

할머니의 독백이 공허한 여운 속으로 사라진다.
사람은 망각이 있어서 살 수 있다. 하지만 선택적으로 망각을 할 수는 없다. 유독 뼈아픈 기억은 끝까지 잊혀지지 않는다. 바로 어제 일처럼 생생하게 살아 숨 쉬는 기억들을 한순간에 다시 그 시간 속으로 데려다 놓는 실수를 한다. 어린아이들의 마음은 아직 살아온 과정이 다 축적되지 않았기에 순수하다. 노년의 망각은 축적된 삶의 과정을 빼내는 것이다. 결국은 사소하고 다양한 일상사가 모여 인생이 이루어지고 망각속에 인생은 끝이 난다. 누구나 다 그렇듯이 말이다.

내 인생의 주인공은 '나'

직장 생활을 마무리하고 내 삶의 경험과 인문적 전문성을 활용하여 다른 세대들과 관계를 맺으며 가치를 나누고 소통하는 충청권 인생 멘토로 제2의 인생을 시작했다. 진정성 있게 멘티들에게 다가가 친밀한 친구가 되기로 마음을 다진다. 저마다 인생 멘토에 대한 나름의 생각이 있겠지만, 인생 멘토는 밤바다를 밝히는 등대나 길의 방향을 알려주는 나침반 역할이라고 본다. 그동안 살아오면서 겪은 경험적 사유를 기반으로 '무엇이든지 내 마음먹기에 달렸다'라는 '일체유심조'와 간절히 원하고 바라면 언젠가는 이루어진다는 '피그말리온 효과'에 멘토링의 가치를 두고 멘티들을 만났다.

첫 만남의 설렘이 '어, 이게 뭐지?' 갸우뚱거리며 흔들거린다. 초롱초롱한 몇몇 멘티들의 작은 눈망울이 내 눈으로 들어오고 나서야 마음을 잡는다. '어떻게 해야 할까?' 지피지기면 백전불태라 했는데, 내 안엔 요즘 세대들에 대한 피상적 이해의 마음만 있을 뿐이다. 이럴 땐 정공법이 최상이라 했다. 내 모습 그대로 마음을 다해 멘티들의 마음속으로 들어간다. 모든 것 인내하고 이해하면서 진실한 마음으로 기다린다. 중학생이 생각하기 힘든 정치적 성향과 죽임, 세대 반감 등 자신들의 마음을 표출하려는 듯한 태도가 당황스럽다. 매 차시가 끝나면 멘티들의 개인적 성향과 태도, 반응 등을 종합해서 다음 멘토링 방향을 정한다. 멘티들이 무엇을 원하는지 이끌어내고, 절충해서 맞춤형으로 과정을 재편성한다.

가장 관심이 많은 돈에 관한 이야기, 화폐 속에 담긴 역사와 문화를 이야기하며 경제적 관념을 불어 넣어준다. 자신이 주인공이 되는 사진 촬영, 그것을 이용한 스토리텔링으로 자신의 가치를 창출해 본다. '내가 아버지라면' 이란 주제로 가족의 사랑과 부모의 자리를 되찾아본다. 무한의 기다림 속에 멘티들의 마

음이 열리고, 다양한 모습의 창의성이 당당함으로 드러난다. 걱정이 희망으로 역전되고. 무언가 될 수 있다는 기대감에 마음이 출렁이고 열정이 춤을 춘다. 멘티 그들은 스스로 자신을 감당할 소양이 충분하다. 그들은 자기들의 마음을 누군가가 알아주기를 바랄 뿐이다. 그들의 마음을 이해해주고 어루만지며 무한 신뢰를 준 것이 반전의 변화를 가져왔다. 그렇다, '인생은 자기가 주인공이 되어 하고 싶은 것을 실천하는 것이다.'

실버센터에 지난주에는 보이지 않던 할머니가 다시 찾아왔다. 아무런 말도 없이 의자에 다소곳이 앉아있는 할머니에게 말을 건다. 노인이 되면 모든 행동이 어린아이와 같다. 슬픔의 그림자다. 나이가 들수록 말의 샘이 말라가고 외로움이 찾아온다. 멍하니 앉아있는 모습이 정물화와 같다. 이들에게 필요한 것은 말을 하게 하고 그 이야기를 신나게 들어주는 것이다. 노년의 마지막 종착지는 망각이다. 이 망각을 되살려야 한다. 살아보니 인생은 중요하고 의미가 있고, 손에 딱 잡히는 일로만 이루어지지 않는다. 다소 시시하고 사소하고 의미 없는 잡다한 일들과 슬픔, 상처 등이 모여서 하나의 '나'를 만든다. 결국은 다양한 일상사가 쌓여 인생이 이루어진다. 달달 볶던 영감이

"나는 간다, 너는 잘살아라!"라며 먼저 세상을 떴어.

"외로워서 그렇지, 혼자 사니 편해."

"그저, 자식들 잘사는 게 꿈이여!"

할머니의 마지막 꿈이 내 가슴을 두드린다.

단풍잎처럼 아름다운 빛깔의 그리운 마음을 가슴에 담는다. 함께 한 만남이 소중한 인연으로 기억될 것이다. 인생에서 누구를 만나고 누구와 함께 가느냐가 자기 발전의 변수로 작용한다.

그들이 바라는 소중한 꿈 이루어 내가 주인공이 되는 멋진 인생 만들어 가길 희망하며, 멘티들의 건강과 꿈을 응원한다.

이재인 수필집

나는 직장이 없습니다

ⓒ 이재인, 2021

발 행 일	2021년 11월 25일
지 은 이	이재인
발 행 인	이영옥
편 집	이설화

펴 낸 곳	도서출판 이든북
출판등록	제2001-000003호
주 소	대전광역시 동구 중앙로193번길 73
전화번호	(042)222-2536
팩시밀리	(042)222-2530
전자우편	eden-book@daum.net

ISBN 979-11-6701-090-2 (03810)
값 12,000원

* 잘못된 책은 바꾸어 드립니다.
* 이 책 내용의 일부 또는 전부를 재사용하려면 반드시 저자와 이든북 양측의 동의를 받아야 합니다.

* 이 책은 2021년도 ✦대전광역시 대전문화재단에서 사업비를 지원받아 발간하였습니다.